Lenormand all-in-one

Sandra Küper

Lenormand all-in-one

Informationen kompakt

Bibliografische Information der Deutschen Nationalbibliothek:
Die Deutsche Nationalbibliothek verzeichnet diese
Publikation in der Deutschen Nationalbibliografie;
detaillierte bibliografische Daten sind im Internet
über http://dnb.dnb.de abrufbar.

© 2014 Sandra Küper

Illustration: Sandra Küper

Herstellung und Verlag: BoD – Books on Demand,
Norderstedt

ISBN:978-3-7386-0528-0

0. Zum Buch   12
1.1 Reiter   15
1.2 Kombinationen Reiter mit   17
1.3 Allgemeine Informationen zum Reiter 20
1.4 Die Reitermudra   21
1.5 Deutungsgeheimnis   22
2.1 Klee   23
2.2 Kombinationen Klee mit 25
2.3 Allgemeine Informationen zum Klee   27
2.4 Die Kleemudra   29
2.5 Deutungsgeheimnis   30
3.1 Schiff   31
3.2 Kombinationen Schiff mit   33
3.3 Allgemeine Informationen zum Schiff   36
3.4 Die Schiffsmudra   37
3.5 Deutungsgeheimnis   38
4.1 Haus 39
4.2 Kombinationen Haus mit 41
4.3 Allgemeine Informationen zum Haus   44
4.4 Die Hausmudra   45
4.5 Deutungsgeheimnis   46
5.1 Baum 47
5.2 Kombinationen Baum mit 49
5.3 Allgemeine Informationen zum Baum 51
5.4 Die Baummudra   52
5.5 Deutungsgeheimnis   53
6.1 Wolken   54

6.2 Kombinationen Wolken mit   56
6.3 Allgemeine Informationen zu den Wolken   59
6.4 Die Wolkenmudra 60
6.5 Deutungsgeheimnis   61
7.1 Schlange   62
7.2 Kombinationen Schlange mit   64
7.3 Allgemeine Informationen zur Schlange   67
7.4 Die Schlangenmudra   68
7.5 Deutungsgeheimnis   69
8.1 Sarg 70
8.2 Kombinationen Sarg mit 72
8.3 Allgemeine Informationen zum Sarg 74
8.4 Die Sargmudra   75
8.5 Deutungsgeheimnis   76
9.1 Blumen   77
9.2 Kombinationen Blumen mit   79
9.3 Allgemeine Informationen zu den Blumen   82
9.4 Die Blumenmudra 83
9.5 Deutungsgeheimnis   84
10.1 Sense   85
10.2 Kombinationen Sense mit   87
10.3 Allgemeine Informationen zur Sense   90
10.4 Die Sensenmudra 91
10.5 Deutungsgeheimnis   92
11.1 Ruten   92
11.2 Kombinationen Ruten mit   95
11.3 Allgemeine Informationen zu den Ruten   98
11.4 Die Rutenmudra   99

11.5 Deutungsgeheimnis   100
12.1 Die Vögel oder Eulen   101
12.2 Kombinationen Vögel mit   103
12.3 Allgemeine Informationen zu den Vögeln   105
12.4 Die Vogelmudra   106
12.5 Deutungsgeheimnis   107
13.1 Kind   108
13.2 Kombinationen Kind mit   110
13.3 Allgemeine Informationen zum Kind   111
13.4 Die Wiegenmudra   113
13.5 Deutungsgeheimnis   114
14.1 Fuchs   115
14.2 Kombinationen Fuchs mit   117
14.3 Allgemeine Informationen zum Fuchs   120
14.4 Die Fuchsmudra   121
14.5 Deutungsgeheimnis   122
15.1 Bär   123
15.2 Kombinationen Bär mit   125
15.3 Allgemeine Informationen zum Bären   128
15.4 Die Bärenmudra   129
15.5 Deutungsgeheimnis   130
16.1 Sterne   131
16.2 Kombinationen Sterne mit   133
16.3 Allgemeine Informationen zu den Sternen   136
16.4 Die Sternenmudra   137
16.5 Deutungsgeheimnis   138
17.1 Störche   139
17.2 Kombinationen Störche mit   141

17.3 Allgemeine Informationen zu den Störchen 144
17.4 Die Storchenmudra 145
17.5 Deutungsgeheimnis 146
18.1 Hund 147
18.2 Kombinationen Hund mit 149
18.3 Allgemeine Informationen zum Hund 151
18.4 Die Hundemudra 153
18.5 Deutungsgeheimnis 154
19.1 Turm 155
19.2 Kombinationen Turm mit 157
19.3 Allgemeine Informationen zum Turm 160
19.4 Die Turmmudra 161
19.5 Deutungsgeheimnis 162
20.1 Park 163
20.1 Kombinationen Park mit 165
20.3 Allgemeine Informationen zum Park 168
20.4 Die Parkmudra 169
20.5 Deutungsgeheimnis 170
21.1 Berg 171
21.2 Kombinationen Berg mit 173
21.3 Allgemeine Informationen zum Berg 176
21.4 Die Bergmudra 177
21.5 Deutungsgeheimnis 178
22.1 Wege 179
22.2 Kombinationen Wege mit 181
22.3 Allgemeine Informationen zu den Wegen 184
22.4 Die Wegmudra 185

22.5 Deutungsgeheimnis   186
23.1 Mäuse   187
23.2 Kombinationen Mäuse mit   189
23.3 Allgemeine Informationen zu den Mäusen 192
23.4 Die Mäusemudra 193
23.5 Deutungsgeheimnis   194
24.1 Herz   195
24.2 Kombinationen Herz mit   197
24.3 Allgemeine Informationen zum Herz   199
24.4 Die Herzmudra   200
24.5 Deutungsgeheimnis   201
25.1 Ring 202
25.2 Kombinationen Ring mit 204
25.3 Allgemeine Informationen zum Ring 207
25.4 Die Ringmudra   208
25.5 Deutungsgeheimnis   209
26.1 Buch   210
26.2 Kombinationen zum Buch   212
26.3 Allgemeine Informationen zum Buch 215
26.4 Die Buchmudra   216
26.5 Deutungsgeheimnis   217
27.1 Brief   218
27.2 Kombinationen Brief mit   220
27.3 Allgemeine Informationen zum Brief   223
27.4 Die Briefmudra   224
27.5 Deutungsgeheimnis   225
28.1 Mann   226
28.2 Kombinationen zum Mann   228

28.3 Allgemeine Informationen zum Mann   231
28.4 Die Männermudra   232
28.5 Deutungsgeheimnis   233
29.1 Frau 234
29.2 Kombinationen Dame mit   236
29.3 Allgemeine Informationen zur Dame   239
29.4 Die Frauenmudra 240
29.5 Deutungsgeheimnis   241
30.1 Lilien   242
30.2 Kombinationen Lilie mit 244
30.3 Allgemeine Informationen zur Lilie 247
30.4 Die Lilienmudra 248
30.5 Deutungsgeheimnis   249
31.1 Sonne   250
31.2 Kombinationen Sonne mit   252
31.3 Allgemeine Informationen zur Sonne   255
31.4 Die Sonnenmudra 256
31.5 Deutungsgeheimnis   257
32.1 Mond   258
32.2 Kombinationen Mond mit   260
32.3 Allgemeine Informationen zum Mond   263
32.4 Die Mondmudra 264
32.5 Deutungsgeheimnis   264
33.1 Schlüssel 265
33.2 Kombinationen Schlüssel mit 268
33.3 Allgemeine Informationen zum Schüssel   271
33.4 Die Schlüsselmudra   272
33.5 Deutungsgeheimnis   273

34.1 Fische   274
34.2 Kombinationen Fisch mit   276
34.3 Allgemeine Informationen zu den Fischen 278
34.4 Die Fischmudra   279
34.5 Deutungsgeheimnis   280
35.1 Anker   281
35.2 Kombinationen Anker mit   283
34.3 Allgemeine Information zum Anker 286
35.4 Die Ankermudra 287
35.5 Deutungsgeheimnis   288
36.1 Kreuz   289
36.2 Kombinationen Kreuz mit   291
36.3 Allgemeine Informationen zum Kreuz   294
36.4 Die Kreuzmudra 295
36.5 Deutungsgeheimnis   296
37.1 Lenormand und Liebeszauber 297
37.2 Er oder Sie?   297
37.3 Herzenssache ~ Legesystem 300
37.4 Quersumme im Lenormand   302
37.5 Ja, nein oder vielleicht?   303
37.6 Powder of Sex ~ Ein Rezept 304
37.7 Ring des Jahres ~ Legesystem   305
37.8 Ritual für zwei 306
37.9 Ritualzubehör   307
37.10 Sexcharakterisierung der Lenormandkarten 308
37.11 Sexy Geheimnisse…   310
37.12 V like Valentine?   311

37.13 Wo klemmt es denn? 314
38. Zum Schluss 315

0. Zum Buch

Liebe Leserin, lieber Leser!

Dieses Buch soll helfen, die Deutung der Lenormandkarten zu erlernen, Wissen zu vertiefen oder als Nachschlagewerk an ihrer Seite zu stehen. Auch mein Wissen aus den Büchern, die bisher erschienen sind, wird hier eingebunden.

Anhand meiner Karten, dem Doodlemand, erkläre ich, in welche Richtung gedeutet wird und was bei anderen Kartendecks zu beachten ist. Dies ist für die erfolgreiche Deutung nämlich unbedingt zu beachten. Nicht bei allen Karten ist eine Richtungs-deutung nötig, das erläutere ich im jeweiligen Deutungsgeheimnis am Schluss jeder Karte.

Angehängt an dieses Buch habe ich noch, auf vielfachen Wunsch, Lenormand und Liebeszauber, welches bisher nur als eBook erhältlich war. Gebündeltes Wissen aus allen bisher erschienen Büchern finden sie nun hier in diesem Werk.

Bitte beachten sie, dass das Deuten der Karten oder Orakeln allgemein nicht ihre Entscheidungen ersetzen sollen.
Deutungen können immer nur eine mögliche Richtung zeigen, die Entscheidung treffen sie.

Gesundheitliche Probleme gehören immer und unbedingt in die Hände geschulter Menschen!

Eine Haftung der Autorin oder des Verlages aufgrund der Anwendung dieses Buches ist ausgeschlossen.

Nun wünsche ich ihnen viel Spaß und gute Erkenntnisse!

Liebst,
Sandra Küper

1.1 Reiter

Der Reiter prescht voran. Zielgerichtet und charmant, setzt er sich über Hindernisse hinweg, als gäbe es diese nicht.

Der Reiter ist die erste Karte im Deck. Er steht für Schnelligkeit, Dynamik und Fortschritt. Er bringt immer etwas und ist sehr stürmisch.

Als die Lenormandkarten erstmals in Erscheinung traten, gab es vielerorts nur die Fortbewegung zu Pferde. Entweder man saß in der Kutsche, etwas holprig und langsamer (für die Dame oder auch ältere Menschen) oder eben stolz auf dem edlen Ross (für den jüngeren Herrn). Der Reiter symbolisierte damit eine gewisse Eleganz. Telegramme wurden stets per Kurier auf dem Pferd überbracht, wohingegen die reguläre Post in der Kutsche befördert wurde.
Der Götterbote Hermes wird in dem einen oder anderen Kartendeck angedeutet. Er bringt Nachrichten und neue Informationen, positiv. Karten in der Umgebung mit einem negativen Einfluss werden deutlich abgeschwächt. Taucht der Reiter in der Auslage auf, so gibt es viel Spontaneität, alles läuft bestens und die eine oder andere Party wird steigen.

Sport kann hier ebenfalls von Bedeutung sein.

1.2 Kombinationen Reiter mit

2 Klee	Der Reiter bringt das Glück, glückliche Nachrichten
3 Schiff	Nachricht braucht länger, da sie von weit her kommt
4 Haus	Nachricht kommt ins Haus
5 Baum	Gesundheitlich kommt etwas in Gang, gesundheitliche Nachricht, Rezept
6 Wolken	Nachricht bringt Unklarheiten
7 Schlange	Nachricht bringt Verwicklungen
8 Sarg	Nachricht über einen Neubeginn
9 Blumen	Nachricht ist fröhlich, flirtend
10 Sense	Nachricht kommt sehr schnell, SMS
11 Ruten	Nachricht sorgt für Selbstzweifel
12 Vögel	Nachricht sorgt für Streit
13 Kind	Nachricht bringt Neuigkeiten

14 Fuchs	Vorsicht, da geht es um Lügen
15 Bär	Nachricht birgt Kraft
16 Sterne	Nachricht bringt Klarheit
17 Störche	Nachricht bringt Veränderungen
18 Hund	Nachricht von einem Freund
19 Turm	Nachricht von einer Trennung
20 Park	Nachricht aus dem öffentlichen Leben (Amt, Bank)
21 Berg	Nachricht sorgt für Blockaden
22 Wege	Nachricht sorgt für Entscheidungen
23 Mäuse	Nachricht bringt Verluste
24 Herz	Liebesbrief, Nachricht von Herzen
25 Ring	Nachricht wegen einer Bindung
26 Buch	Nachricht birgt Geheimnisse
27 Brief	Nachricht ist oberflächlich
28 Mann	Nachricht von einem Mann

29 Frau	Nachricht von einer Frau
30 Lilien	Nachricht von der Familie
31 Sonne	Nachricht bringt viel Energie
32 Mond	Nachricht bringt Erfolg
33 Schlüssel	Nachricht bringt Sicherheit oder kommt mit Sicherheit
34 Fische	Finanzielle Nachricht
35 Anker	Nachricht vom Job
36 Kreuz	Nachricht lässt sich nicht abwenden, karmisch belastet

1.3 Allgemeine Informationen zum Reiter

Planet	Merkur: Logische Gedanken, wertneutral, Austausch, Wissenschaft, Realismus
Zeitwert	Innerhalb von Minuten oder Stunden, etwas kommt auf einen zu
Person	Jünger als die fragende Person, Sohn, Neffe, jüngerer Geliebter
Fortbewegungsmittel	Kleines Auto, Motorrad
Spiritstone	Citrin
Körperteil	Muskeln, Bewegungsapparat
Landschaft	Ungarn, Österreich
Tier	Großvieh
Chakra	Sonnengeflecht
Skatkarte	Herz 9 – Aufbruch, Start, Erfüllung in der Liebe

1.4 Die Reitermudra

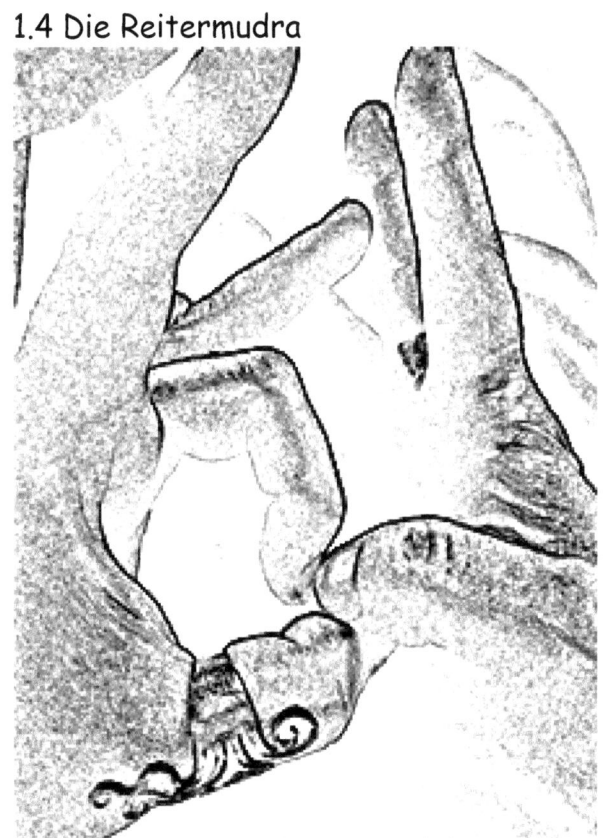

Die Reitermudra
Rechte Hand ausgestreckt. Der Daumen der linken Hand drückt von unten gegen den Daumen der rechten Hand. Der Mittelfinger der linken Hand drückt von oben auf den Daumen.

1.5 Deutungsgeheimnis

In meinem Doodlemand ist das Reittier ein Elefant. Den Elefanten wählte ich wegen seiner Stärke, er macht noch deutlicher, dass sich hier fast nichts mehr in den Weg stellt. Achten sie auf den Reiter: Wohin schaut er? Hier ist es ein Vogel, der nach links blickt. Karten, die links von dieser Karte liegen, sollten genauer betrachtet werden. Fragestellung: Was kommt auf mich zu?

2.1 Klee

Der Klee steht für das kleine Glück, etwas Seltenes und Kostbares. Immer kurzfristig und unerwartet, man kann das Glück eben nicht planen.

Der Klee gilt als Futterpflanze und wo es viel Klee gibt, dort gibt es genug zu fressen für alle Tiere. Es lohnt sich also auch auf lange Sicht.

Der Klee im Kartendeck hat ebenfalls eine positive Aura auf die Karten in seiner Nähe. Das vierblättrige, grüne Kleeblatt war schon bei den Kelten als Glückssymbol bekannt.

Die Farbe grün weckt Vertrauen, wirkt ruhig und friedlich. Sie gilt als konservativ, bodenständig und zuverlässig.

Der Marienkäfer, ebenfalls ein Symbol des Glücks, wird oft dargestellt. Zu Silvester verschenken die Menschen häufiger eine Kleepflanze, um das Glück ins neue Jahr zu bringen.

2.2 Kombinationen Klee mit

1 Reiter	Schnelle Nachricht, viele Nachrichten
3 Schiff	Glück kommt langsam
4 Haus	Glück im Haus
5 Baum	Glück in gesundheitlichen Belangen
6 Wolken	Glück ist erst sichtbar, wenn die Unklarheiten abziehen
7 Schlange	Glück auf Umwegen
8 Sarg	Kurzfristiger Stillstand
9 Blumen	Glück mit Freundinnen
10 Sense	Glück kommt sehr schnell
11 Ruten	Kurzfristig Selbstzweifel
12 Vögel	Kurzfristig Streit
13 Kind	Kleines Glück
14 Fuchs	Glück ist falsch
15 Bär	Kurzfristig Stärke bekommen
16 Sterne	Kurzfristig Klarheit
17 Störche	Glückliche Veränderungen

18 Hund	Glück mit Freunden
19 Turm	In der Trennung liegt Glück
20 Park	Kurzfristiger Kontakt
21 Berg	Glück ist blockiert
22 Wege	Schnelle Entscheidungen, Glück bringende Entscheidungen
23 Mäuse	Glück wird gefressen
24 Herz	Verliebtheit
25 Ring	Glück in der Beziehung
26 Buch	Glück ist noch geheim
27 Brief	Erfreuliche Nachrichten
28 Mann	Er sieht das Glück nicht
29 Frau	Sie sieht das Glück
30 Lilien	Familienglück
31 Sonne	Großes Glück
32 Mond	Erfolg
33 Schlüssel	Glück kommt sicher
34 Fische	Glück in Finanzen
35 Anker	Kurzfristig ein Job

36 Kreuz   Glück ist karmisch belastet

2.3 Allgemeine Informationen zum Klee

Sternzeichen	Schütze: Reisen, Gedanken über die Welt, Fernweh
Zahlwert	4
Zeitwert	Vier Tage, immer recht schnell
Spiritstone	Jade
Landschaft	Wiesen, Weiden, Felder
Heilmittel	Bachblüten, Heilpflanzen
Jahreszeit	Sommer
Chakra	Sonnengeflecht
Gegenstand	Alles, was Glück bringt: Kleeblatt, Marienkäfer, Schornsteinfeger als Symbole
Skatkarte	Karo 6 – Vorsicht ist geboten, aufpassen

2.4 Die Kleemudra

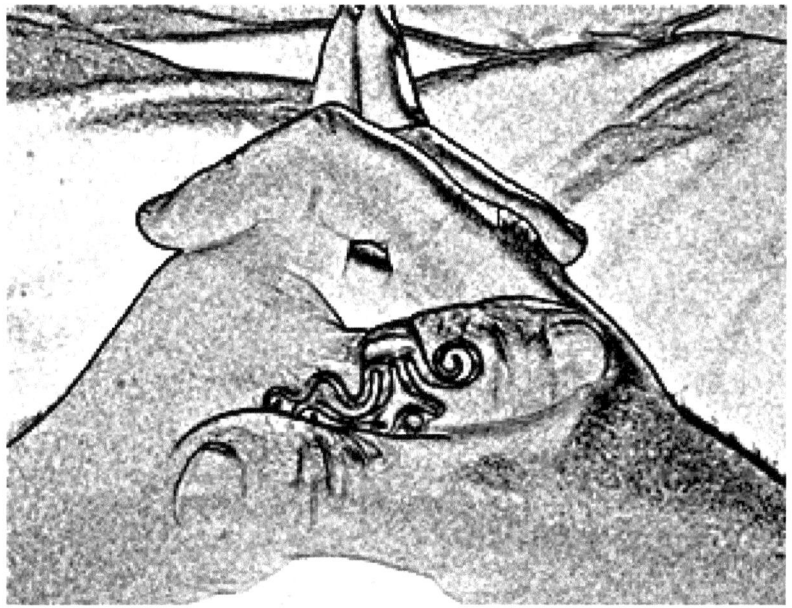

Die Kleemudra
Die Hände werden gefaltet, die Mittelfinger beider Hände
werden nach Außen gestellt und aneinander gelegt.

2.5 Deutungsgeheimnis

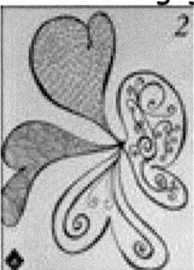

Für den Klee gibt es keine besondere Richtungsweisung. Er hat auf alle seine um ihn liegenden Karten eine positive Auswirkung.

3.1 Schiff

Es steht für große Reisen, ferne Länder, langsame und bedächtige Bewegungen. Oft bringt es Neuigkeiten mit.

In früherer Zeit wurden Schiffe oft sehnsüchtig erwartet, da sie sehr lange unterwegs waren, an entlegenen Küsten ankerten und viel Neues mitbrachten.

Im Lenormand bedeutet das Schiff, dass man sich selbst bewegen wird, um ein Ziel zu erreichen. Urlaub und Sehnsucht nach der Ferne sind oft ein Thema. Auch Handel darf hierbei nicht außer Acht gelassen werden.

Schiffe werden häufiger assoziiert mit der Suche nach Gefahr und Abenteuer, Rettung, Freiheit, Kameradschaft und Hoffnung.

Je nach Lage der Karte könnte man diese auf eine Person beziehen, sind aber nicht als Hauptaussage zu deuten.

3.2 Kombinationen Schiff mit

1 Reiter	Reise kommt schnell
2 Klee	Reise bringt Glück
4 Haus	Vorwärtskommen im häuslichen Bereich
5 Baum	Lange Reise, Lebensreise
6 Wolken	Reise ins Ungewisse
7 Schlange	Reise auf Umwegen
8 Sarg	Reise findet nicht statt
9 Blumen	Reise macht Spaß
10 Sense	Reise kommt plötzlich
11 Ruten	Reise bringt hin und her
12 Vögel	Flugreise
13 Kind	Reise in die Kindheit
14 Fuchs	Falsches auf der Reise oder Reise falsch
15 Bär	Reise bringt neue Kraft
16 Sterne	Vorwärtskommen im spirituellen Bereich
17 Störche	Reise bringt Veränderungen

18 Hund	Reise zu/mit einem Freund
19 Turm	Reise ins Ausland
20 Park	Reise mit größerer Gesellschaft
21 Berg	Reise ist blockiert
22 Wege	Fahrtroute ungewiss
23 Mäuse	Reise macht Kummer
24 Herz	Reise wegen Liebesangelegenheiten
25 Ring	Vorwärtskommen in Beziehungen
26 Buch	Reise ist noch nicht spruchreif
27 Brief	Reisedokumente
28 Mann	Mann kommt nicht voran
29 Frau	Frau kommt voran
30 Lilien	Reise mit/zur Familie
31 Sonne	Reise in den Süden
32 Mond	Reise bei Nacht
33 Schlüssel	Reise ist sicher
34 Fische	Reisekasse
35 Anker	Reise bringt beruflich weiter

36 Kreuz   Reise ist belastet

3.3 Allgemeine Informationen zum Schiff

Haus	9. Haus: Austausch mit dem Außen, extrovertiert
Zeitwert	Eher Wochen und Monate, maximal sechs
Person	Verkäufer/Verkäuferin, Händler/Händlerin, freiheitsliebend, unternehmungsfreudig
Fortbewegungsmittel	Schiff, großes Auto, Lkw
Spiritstone	Fluorit
Landschaft	Meer, See, Fluss
Heilmittel	Seeluft
Chakra	Stirnchakra
Gegenstand	Boote und Schiffe
Skatkarte	Pik 10 – Ferne Welten

3.4 Die Schiffsmudra

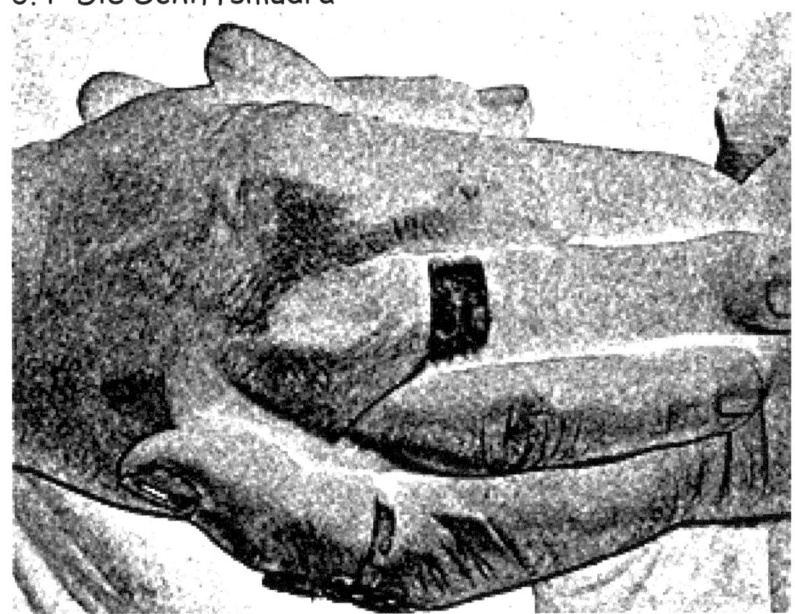

Die Schiffsmudra
Die Hände mit den Innenflächen gegeneinander schieben. Der kleine Finger der linken Hand hakt hierbei zwischen Daumen und Zeigefinger der rechten Hand. Der Daumen der linken Hand hakt zwischen Daumen und Zeigefinger der rechten Hand.

3.5 Deutungsgeheimnis

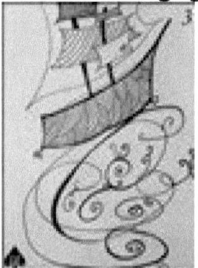

Hier ist die Richtung, in die der Rumpf des Schiffes zeigt, von Bedeutung. Die Karten, die am Heck, bei diesen Karten links davon, liegen, zieht man mit in die Karten, die rechts liegen. Stellen sie es sich vor wie eine Art Lagerraum im Bauch des Schiffs.

4.1 Haus

Das Haus in der Legung stellt zunächst das eigene Heim dar, wobei es nebensächlich ist, ob man in einer Wohnung oder einem Haus wohnt. Je nach Lage kann aber auch die eigene Gemütsverfassung gemeint sein.

In jedem Fall fühlt man sich hier sicher und geborgen, ähnlich einem Schneckenhaus, was man auch nutzen könnte, um sich zu verkriechen. Es symbolisiert weibliche Anteile in uns.

Einen Hinweis auf den Charakter lässt sich hier ebenfalls finden. Wie fest ist das eigene Fundament?

Den Wunsch, ein eigenes Heim, einen Rückzugsort, zu haben, ist in der Geschichte der Menschheit fest verankert, dient das Haus auch als Prestigeobjekt, als individuell gestaltbarer Raum.

Auch für die eigene Sicherheit sind die bewohnten vier Wände ein wichtiges Thema.

4.2 Kombinationen Haus mit

1 Reiter	Es kommt Bewegung ins Haus
2 Klee	Glück im Haus
3 Schiff	In der Hausangelegenheit muss man selbst aktiv werden
5 Baum	Haus besteht schon lange
6 Wolken	Unklarheiten im Haus
7 Schlange	Rohrleitungen im Haus
8 Sarg	Haus macht krank
9 Blumen	Freundin/Tochter im Haus
10 Sense	Haus ist plötzlich da
11 Ruten	Man macht sich wegen des Hauses verrückt
12 Vögel	Zwei Häuser/Streit im Haus
13 Kind	Neues Haus
14 Fuchs	Haus ist falsch
15 Bär	Haus steht auf stabilen Fundamenten
16 Sterne	Winterhaus
17 Störche	Umbau

18 Hund	Haus voller Freunde
19 Turm	Hochhaus, großes Haus oder Amt
20 Park	Haus mit Garten, öffentliches Haus
21 Berg	Blockaden im Haus
22 Wege	Haus an der Straße, Entscheidungen stehen an
23 Mäuse	Haus geht in Verlust, was kein Verlust ist
24 Herz	Haus liegt am Herzen
25 Ring	Hausvertrag
26 Buch	Haus kennt man noch nicht
27 Brief	Post kommt ins Haus
28 Mann	Mann sieht nicht, was im Haus geschieht
29 Frau	Frau kümmert sich um ihr Haus
30 Lilien	Familienheim
31 Sonne	Sommerhaus, viel Energie im Haus
32 Mond	Viel Erfolg im Haus
33 Schlüssel	Haus ist sicher
34 Fische	Geld ist im Haus

35 Anker   Haus macht viel Arbeit
36 Kreuz   Haus ist karmisch belastet

4.3 Allgemeine Informationen zum Haus

Haus	4. Haus: Identität Emotionalität
Person	Häuslich, in sich ruhend, Führungspersönlichkeit
Spiritstone	Pyrit
Körperteil	Haut
Tier	Schnecke
Chakra	Halschakra
Gegenstand	Haus, Hütte, Gebäude
Skatkarte	Herz König – Zielführung, Finanzen

4.4 Die Hausmudra

Die Hausmudra
Daumen, Ringfinger und kleiner Finger der rechten Hand werden zusammengelegt.

4.5 Deutungsgeheimnis

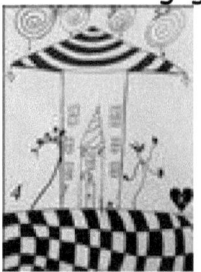

Vergessen sie nicht, dass hier nicht nur das Heim gemeint sein muss, sondern auch das Seelenhaus. Ist das Haus von der Sense bedroht und das Kind liegt in der Nähe, so kann das auf schwierige Kindheitserlebnisse hinweisen. Kindheit ist das Fundament. Wackelt das, so ist klar, dass das eigene Lebenshaus ebenfalls instabil ist.

5.1 Baum

Bäume haben eine ganz besondere Symbolik. Fest verwurzelt steht er, je nach Jahreszeit, in voller Pracht da. Kaum etwas zeigt das Leben so treffend wie das Bild eines Baumes.

Erst schwere Stürme oder ein Blitzeinschlag bringen ihn natürlich zu Fall. Das kann man wunderbar auf das eigene Leben beziehen.

Nicht umsonst wird oft geraten, sich wie ein Baum zu erden.

Wo möchte ich noch wachsen? Welche Äste in mir sind noch unterentwickelt? Wo brauche ich eine feste Struktur? Fließt all meine Energie? Wo liegen meine Wurzeln?

Auch Fruchtbarkeit steckt im Symbol des Baumes, Familie und Planung. Ebenso kann die eigene Gesundheit hier dargestellt werden.

5.2 Kombinationen Baum mit

1	Reiter	Ins Leben kommt Bewegung
2	Klee	Glück im Leben
3	Schiff	Ins Leben kommt langsam Schwung
4	Haus	Holzhaus
6	Wolken	Atemwegserkrankung
7	Schlange	Leben mit Verwicklungen
8	Sarg	Krankheit
9	Blumen	Fröhlichkeit im Leben
10	Sense	Stabilität kommt plötzlich
11	Ruten	Gesundheitliches Hin und Her
12	Vögel	Gespräch über das Leben
13	Kind	Neuer Lebensabschnitt
14	Fuchs	Falsche Lebenseinstellung
15	Bär	Stabiles Leben
16	Sterne	Esoterisches Leben
17	Störche	Lebensveränderungen
18	Hund	Freundschaft ein Leben lang
19	Turm	Alleine Leben

20	Park	Krankenhaus
21	Berg	Leben ist blockiert
22	Wege	Neue Wege im Leben gehen
23	Mäuse	Wenig Lebensmut
24	Herz	Lebensliebe
25	Ring	Lange Beziehung
26	Buch	Gesundheit wird verborgen
27	Brief	Gesundheitliche Dokumente
28	Mann	Mann sieht sein Leben nicht
29	Frau	Frau ist sich ihres Lebens bewusst
30	Lilien	Familiäres Leben
31	Sonne	Lebensenergie fließen lassen
32	Mond	Erfolgreiches Leben
33	Schlüssel	Leben ist sicher
34	Fische	Finanzen sind stabil
35	Anker	Job besteht lange
36	Kreuz	Leben ist karmisch belastet

5.3 Allgemeine Informationen zum Baum

Sternzeichen	Jungfrau: Suche nach Erdung, Beschäftigung, leichtes Lernen, Drang nach Vollkommenheit
Zeitwert	Lange Dauer, mindestens fünf Jahre
Person	Alter, erfahren, stabil
Fortbewegungsmittel	Unbeweglich, starr
Spiritstone	Chrysokoll
Körperteil	Füße
Heilmittel	Baumheilkunde
Chakra	Halschakra
Gegenstand	Baum
Skatkarte	Herz 7 – Untreue, Lüge

5.4 Die Baummudra

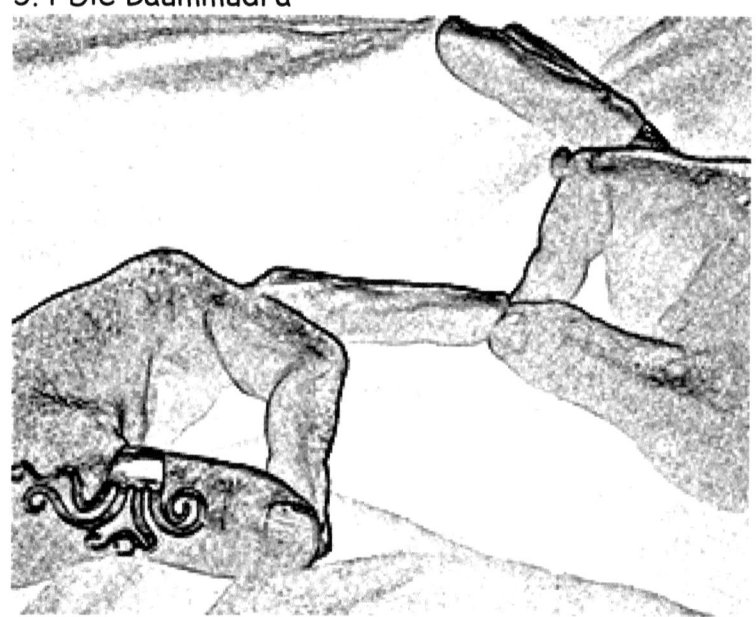

Die Baummudra
Daumen und Zeigefinger der linken und rechten Hand bilden einen Kreis. Der Mittelfinger der linken Hand stellt eine Verbindung zum Kreis der rechten Hand her.

5.5 Deutungsgeheimnis

Alles, was unter dem Baum liegt, ist sozusagen die fruchtbare Erde, auf dem er gedeiht. Alles, was über ihm liegt, blüht und gedeiht im nächsten Frühling.

6.1 Wolken

Sie kündigen die Unklarheiten im eigenen Leben an. Meist kurzzeitig, aber sie sind da und bedeuten immer Arbeit. Ob nun an sich selbst oder an einer Situation, zeigen umliegende Karten.

Oft versteckt sich hier neben der Verwirrung der eigene Glaube, der unbewusst wirkt. Glaubensmuster, die das Selbstvertrauen am Wachstum hindern.

Auch Rückschläge sind hier zu erwarten. Schön dabei ist, dass es nach dem Dunkel auch wieder heller wird und sie verziehen sich dann schnell.

Wolken stehen manchmal auch für Depressionen und die Schatten in der eigenen Seele. Traumdeutung kann ebenfalls eine Rolle spielen.

Wo kann ich wachsen? Was sehe ich nicht?

6.2 Kombinationen Wolken mit

1 Reiter	Unklarheiten werden schnell überwunden
2 Klee	Unklarheiten sind nur kurzfristig
3 Schiff	Die Überwindung von Unklarheiten dauert etwas
4 Haus	Unklarheiten haben mit einem Haus zu tun
5 Baum	Unklarheiten bestehen schon ewig
7 Schlange	Unklarheiten bringen Verwicklungen
8 Sarg	Unklarheiten sind beendet
9 Blumen	Unklarheiten werden durch Freundlichkeit überwunden
10 Sense	Unklarheiten kommen plötzlich
11 Ruten	Diffuse Selbstzweifel
12 Vögel	Unklarheiten bringen hin und her
13 Kind	Unklarheiten wegen eines Kindes
14 Fuchs	Unklarheiten verschleiern Lügen
15 Bär	Unklarheiten mit Kraft überwinden
16 Sterne	Unklare Wünsche

17 Störche	Unklarheiten verändern sich
18 Hund	Unklarheiten in einer Freundschaft
19 Turm	Trennung ist unverständlich
20 Park	Nebel
21 Berg	Unklarheiten führen zu Blockaden
22 Wege	Entscheidung treffen müssen, obwohl vieles unbekannt ist
23 Mäuse	Unklarheiten werden aufgefressen
24 Herz	Diffuse Gefühle
25 Ring	Diffuse Beziehung
26 Buch	Woher die Unklarheiten kommen weiß man nicht
27 Brief	Unklare Post
28 Mann	Mann ist nicht einschätzbar
29 Frau	Frau ist einschätzbar
30 Lilien	Familiäre Unklarheiten
31 Sonne	Unklarheiten werden durch Energie überwunden
32 Mond	Unklarheiten werden mit Erfolg gemeistert

33 Schlüssel	Unklarheiten mit Sicherheit
34 Fische	Unklarheiten in Finanzen
35 Anker	Unklarheiten im Job
36 Kreuz	Man kommt gegen Unklarheiten nicht an, karmisch

6.3 Allgemeine Informationen zu den Wolken

Planet	Neptun: Mystik, Täuschung, Unwägbarkeit
Zeitwert	Zügig
Person	Depressiv, grüblerisch, wankelmütig, dunkle Haare und Augen
Fortbewegungsmittel	Flugzeug
Spiritstone	Rauchquarz
Körperteil	Atemorgane
Tier	Drachen
Heilmittel	Aromatherapie
Jahreszeit	Herbst
Chakra	Sakralchakra
Gegenstand	Wolken, Gewitter, Dampf, Chemie
Skatkarte	Kreuz König – Freund, Tradition

6.4 Die Wolkenmudra

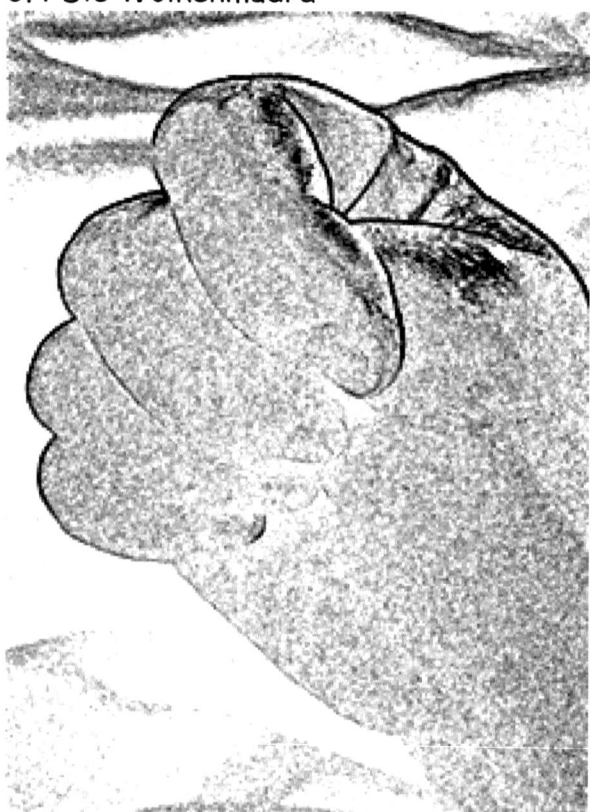

Die Wolkenmudra
Die rechte Hand bildet eine Faust, wobei der Daumen sich im Inneren „versteckt".

6.5 Deutungsgeheimnis

Bei meinen Karten liegen Unklarheiten links von dieser Karte. Rechts davon liegen Karten, die klar sind, da hier die Wolken bereits abgezogen sind.

7.1 Schlange

Weibliche Raffinesse, Umwege, Verwicklungen, all das kann die Schlange im Blatt darstellen.

Energie und Kundalini, Medizin und Hilfe werden hier geboten. Allerdings versteckt sich das hinter den giftigen Zähnen, die blitzschnell zupacken können.

Geheimnisvoll und manchmal von grausamer Schönheit gezeichnet, kann sich hier auch eine weibliche Person, meist älter, verstecken. Die Schlange gibt so schnell ihr Geheimnis nicht preis, sie windet sich aus der Verantwortung heraus.

Man bewundert sie, lässt sich von ihr inspirieren, aber Nähe wird hier nicht gestattet. Auch wenn sie kein Rückrat besitzt, das scheint nur so, denn ihre Muskeln machen das wett. Und zum Schlängeln und Verkriechen sind fehlende Knochen und Extremitäten geradezu ideal.

Schlangenfrauen sind spirituell, sexy und sie wissen, was sie wollen. Mit ihnen muss man immer rechnen!

Sexualität spielt in der Umgebung der Schlange immer eine große Rolle.

7.2 Kombinationen Schlange mit

1 Reiter	Verwicklungen sind schnell überwunden
2 Klee	Kräuterfrau
3 Schiff	Verwicklungen auf einer Reise
4 Haus	Verwicklungen im Haus
5 Baum	Verwicklungen im Leben
6 Wolken	Chaotische Situation
8 Sarg	Darmerkrankung
9 Blumen	Ältere Frau mit Tochter
10 Sense	Verwicklungen kommen plötzlich
11 Ruten	Frau bringt Zweifel auf
12 Vögel	Zwei Frauen
13 Kind	Ältere Frau mit Sohn
14 Fuchs	Frau ist gerissen und falsch
15 Bär	Frau mit Mann, stabile Figur
16 Sterne	Spirituelle Frau
17 Störche	Verwickelte Veränderungen
18 Hund	Freund mit älterer Frau
19 Turm	Mutter

20 Park	Verwicklungen in der Öffentlichkeit
21 Berg	Frau ist blockiert
22 Wege	Hat den Weg verloren
23 Mäuse	Frau macht Kummer
24 Herz	Verwicklungen in der Liebe
25 Ring	Frau ist gebunden
26 Buch	Frau kennt man nicht, unbekannte Verwicklungen
27 Brief	Frau ist oberflächlich
28 Mann	Mann sieht Frau/Verwicklungen nicht
29 Frau	Frau sieht Frau/Verwicklungen
30 Lilien	Sexuelle Beziehung zu einer älteren Frau
31 Sonne	Frau mit viel Energie (positiv)
32 Mond	Frau ist emotional, erfolgreich
33 Schlüssel	Verwicklungen mit Sicherheit
34 Fische	Verwicklungen in Finanzen
35 Anker	Kollegin, Verwicklungen im Job

36 Kreuz   Verwicklungen sind karmisch bedingt

7.3 Allgemeine Informationen zur Schlange

Sternzeichen	Skorpion: Gerade heraus, verletzend, schützend, einnehmend
Zeitwert	Auf Umwegen
Person	Frau, älter, Geliebte, Mutter, Vollweib
Spiritstone	Jaspis
Körperteil	Darm
Landschaft	Kurvig, Serpentinen
Tier	Schlange
Heilmittel	Reiki
Chakra	Wurzelchakra
Gegenstand	Kabel, Leitungen, Straßen
Skatkarte	Kreuz Dame – Mutter

7.4 Die Schlangenmudra

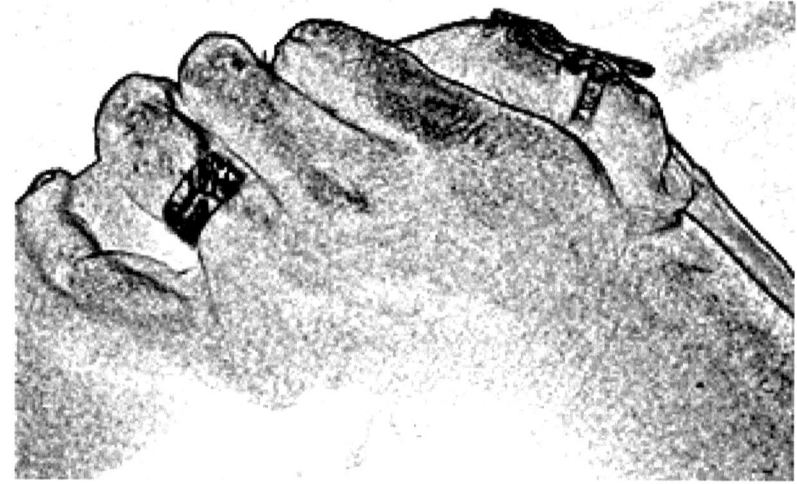

Die Schlangenmudra
Die rechte Hand umschlingt das linke Handgelenk, die linke Hand das rechte Gelenk.

7.5 Deutungsgeheimnis

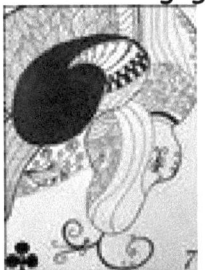

Die Verwicklungen liegen dort, wohin die Schlange blickt. In diesem Beispiel also links von der Karte. Gibt es keine festgelegte Richtung, so kann man für sich diese festlegen. Das gilt auch für andere Karten.

8.1 Sarg

Ähnlich dem Tod im Tarot macht diese Karte vielen Menschen Angst. Das ist unnötig, da der Sarg für einen Neubeginn steht. Natürlich muss dafür zunächst etwas Altes sterben. In den meisten Fällen ist man froh, eine Bürde los zu werden.

Häufig soll hier die Vergangenheit begraben werden. Auch die Auseinandersetzungen mit Verlust und Erneuerung sind ein Thema.

Der Sarg ist das Symbol der Erlösung und der Krankheit.

Welche Beziehungen sind krank? Was passt nicht mehr zu mir? Welche Krankheit habe ich in mir?

Der Sarg bedeutet immer auch eine Auseinandersetzung mit dem Selbst.

8.2 Kombinationen Sarg mit

1 Reiter	Stillstand schnell überwunden
2 Klee	Stillstand nur kurzfristig
3 Schiff	Stillstand durch eigenen Aufwand langsam überwunden
4 Haus	Neubeginn im häuslichen Bereich
5 Baum	Neubeginn im Leben
6 Wolken	Neubeginn ist unklar
7 Schlange	Neubeginn mit Verwicklungen
9 Blumen	Herzlicher Neubeginn (nach Streit)
10 Sense	Neubeginn kommt plötzlich
11 Ruten	Neubeginn bringt Zweifel auf
12 Vögel	Neubeginn in verschiedenen Bereichen
13 Kind	Neubeginn ist etwas naiv
14 Fuchs	Neubeginn geht man falsch an
15 Bär	Neubeginn braucht Kraft
16 Sterne	Neubeginn ist ein Wunsch
17 Störche	Neubeginn bringt Veränderungen
18 Hund	Neubeginn ist einem treu

19 Turm	Neubeginn macht man alleine
20 Park	Neubeginn mithilfe der Bank oder einem Amt
21 Berg	Neubeginn ist blockiert
22 Wege	Neue Wege werden offenbart
23 Mäuse	Neubeginn findet nicht statt
24 Herz	Neues Kapitel in der Liebe
25 Ring	Neue Beziehung
26 Buch	Neubeginn noch unbekannt
27 Brief	Neubeginn ist nur ein Plan
28 Mann	Mann sieht Neubeginn nicht
29 Frau	Frau fängt neu an
30 Lilien	Neubeginn mit der Familie
31 Sonne	Neubeginn mit viel Energie
32 Mond	Neubeginn bringt den Erfolg
33 Schlüssel	Neubeginn kommt mit Sicherheit
34 Fische	Finanzieller Neuanfang
35 Anker	Neubeginn im Job
36 Kreuz	Neubeginn ist karmisch belastet und fällt sehr schwer

8.3 Allgemeine Informationen zum Sarg

Haus	8. Haus: Keine Halbheiten mehr, verbindlich, Entscheidung
Zeitwert	Plötzlich, für die Ewigkeit
Person	Abwartend, trauernd, erleichtert
Fortbewegungsmittel	Stillstand
Spiritstone	Onyx
Landschaft	Öde
Jahreszeit	Winter
Chakra	Nabelchakra
Gegenstand	Sarg, Beerdigung
Skatkarte	Karo 9 – Finanzielle Vorteile, Macht

8.4 Die Sargmudra

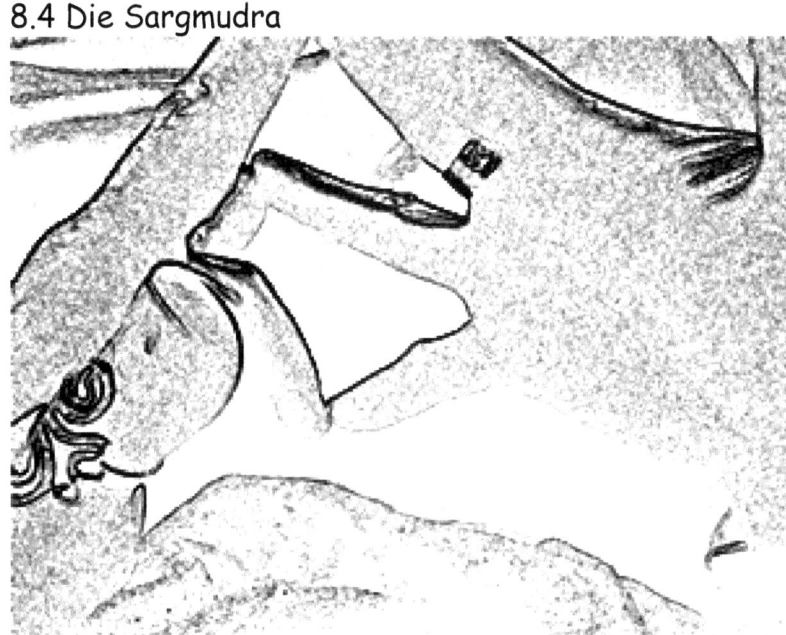

Die Sargmudra

Der kleine Finger der rechten Hand berührt den Ringfinger an der Spitze der linken Hand. Der Ringfinger der rechten Hand berührt den kleinen Finger der linken Hand. Der Zeigefinger der rechten Hand berührt den Mittelfinger der linken Hand. Der Mittelfinger der rechten Hand berührt den Zeigefinger der linken Hand.

8.5 Deutungsgeheimnis

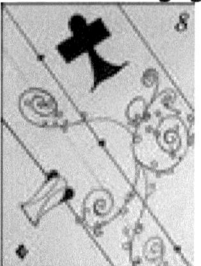

Alle Umstände, die vor dem Sarg liegen, werden beendet. Alle Karten, die nach dem Sarg liegen, beinhalten den neuen Beginn. Hier kommt es nicht darauf an, wohin der Sarg zeigt.

9.1 Blumen

Leicht und beschwingt kommen die Blumen daher. Freundschaft, junge Mädchen, Flirt und Karneval sind hier die Themen.

Blumen sind ein Geschenk des Lebens an uns, eine Anerkennung für eine Leistung, die wir erbracht haben und auf die wir stolz sein dürfen. Fragestellung hierbei: Was bringt mich zum Erblühen?

Sexualität ist hier keinesfalls zu suchen, die Blumen wirken zu rein und unschuldig.

Das innere Kind darf ebenfalls eine Rolle spielen.

Kreativität und eigene Hobbies dürfen nicht fehlen, spielen sie doch eine wichtige Rolle beim Wohlfühlen.

9.2 Kombinationen Blumen mit

1 Reiter	Charmanter junger Mann
2 Klee	Flirt bringt Glück/Kind ist glücklich
3 Schiff	Charmant kommt man weiter
4 Haus	Haus mit kleinem Garten, viele Blumen
5 Baum	Fröhliches Leben
6 Wolken	Charmant, aber ohne jede Aussage
7 Schlange	Freundin ist tiefgründiger als erwartet
8 Sarg	Freundlichkeit führt nicht zum Ziel
10 Sense	Flirt kommt schnell/plötzlich
11 Ruten	Unsicher, ob man freundlich sein soll
12 Vögel	Freundliches Gespräch
13 Kind	Kleines Mädchen
14 Fuchs	Mädchen lügt
15 Bär	Mädchen hat einen starken Charakter
16 Sterne	Kind/junge Freundin ist esoterisch begabt

17 Störche	Schöne Veränderungen (deutet Schwangerschaft an)
18 Hund	Schöne Freundschaft
19 Turm	Einsames Kind
20 Park	Einladung
21 Berg	Mädchen ist blockiert
22 Wege	Fröhliche Entscheidung
23 Mäuse	Mädchen ist ohne Energie
24 Herz	Vom leichten Flirt zur Liebe
25 Ring	Flirtbeziehung (noch nichts Festes)
26 Buch	Flirt mit undurchdringlichen Motiven
27 Brief	Nette Post
28 Mann	Mann mit Tochter
29 Frau	Frau hat ein Auge auf ihre Tochter
30 Lilien	Fröhliche Familie
31 Sonne	Mädchen mit viel Energie
32 Mond	Mädchen hat emotionale Probleme, ist erfolgreich
33 Schlüssel	Flirt ist sicher

34 Fische	Geldgeschenk
35 Anker	Florist/in
36 Kreuz	Mädchen ist karmisch belastet

9.3 Allgemeine Informationen zu den Blumen

Planet	Jupiter: Optimismus und Wachstum
Zeitwert	Karneval
Person	Junges Mädchen, Freundin, Tochter, Nichte, Teenager
Spiritstone	Türkis
Landschaft	Wiese, Garten
Tier	Schmetterling
Heilmittel	Tee
Jahreszeit	Frühling
Chakra	Halschakra
Gegenstand	Blumenstrauß, Allergie
Skatkarte	Pik Dame – Intelligenz, ledige Frau

9.4 Die Blumenmudra

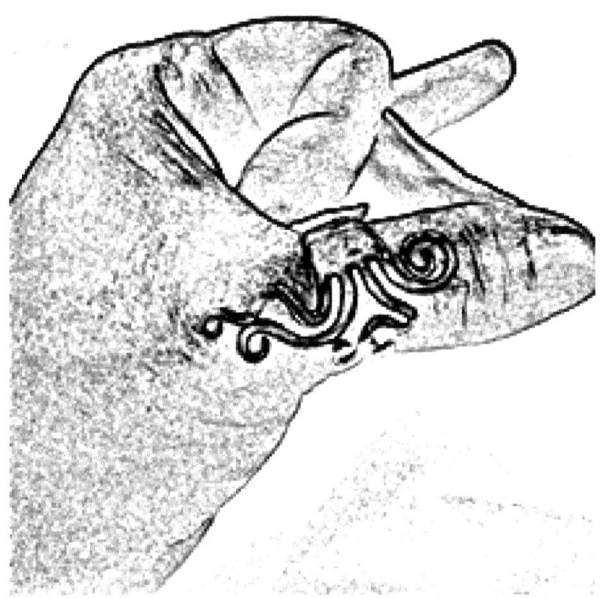

Die Blumenmudra
Der Zeigefinger der linken Hand wird gekrümmt. Der Daumen berührt den Mittelfinger an der Fingerkuppe.

9.5 Deutungsgeheimnis

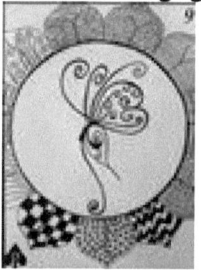

Der Schmetterling auf dieser Blume soll noch einmal verdeutlichen, dass diese Karte Leichtigkeit symbolisiert. Allerdings ist auch eine Metamorphose gemeint, da vieles, was diese Karte betrifft, oft noch in den Kinderschuhen oder eben auch im Raupenstadium steckt.

10.1 Sense

Plötzlich und unerwartet tritt die Sense in Aktion. Passt man nicht auf, so verletzt man sich. Rasend schnell wird hier mit Fleiß gearbeitet, um die Ernte einzufahren. Vorsicht ist geboten, man darf nicht übereifrig sein, die Sense ist sehr scharf.

Sensen machen einen sauberen Schnitt, lässt sich zwar flicken, lohnt aber meistens nicht die Mühe.

Unwichtige Dinge oder Überzeugungen sollten der Sense zum Opfer fallen. Verletzungen spielen eine große Rolle.

Die Sense als Werkzeug hat eine lange Tradition. Um mit ihr richtig arbeiten zu können, musste sie zunächst geschärft werden. Steht ein Gegner mit einer Sense in Konfrontation, so ist äußerste Vorsicht geboten, denn dieser Mensch will verletzen.

Hier muss ich, gezwungenermaßen, loslassen. Darum kommt niemand herum.

10.2 Kombinationen Sense mit

1 Reiter	Vorsicht wegen Gelenkproblemen, Sehnenriss, Nachricht bringt Gefahr
2 Klee	Glück will nicht kommen
3 Schiff	Reise ist in Gefahr, Gefahr auf einer Reise
4 Haus	Haus in Gefahr, Abriss
5 Baum	Operation
6 Wolken	Unklarheiten werden abgeschnitten
7 Schlange	Vorsicht in Kurven, Unfall
8 Sarg	Stillstand wird abgeschnitten
9 Blumen	Gefahr für ein Mädchen
11 Ruten	Selbstzweifel verschwinden, SM-Sex
12 Vögel	Keine Kommunikation
13 Kind	Gefahr für ein Kind
14 Fuchs	Lüge wird verschwinden
15 Bär	Gefahr für Stärke

16 Sterne	„Schwarze" Magie
17 Störche	Keine Veränderung möglich
18 Hund	Gefahr für Freund/Freundschaft
19 Turm	Gefahr im Ausland
20 Park	Gefahr in der Öffentlichkeit
21 Berg	Blockade geht
22 Wege	Gefährlicher Weg oder gefährliche Entscheidung
23 Mäuse	Gefährlicher Verlust
24 Herz	Verletzungen in der Liebe
25 Ring	Gefahr für Bindung/Vertrag
26 Buch	Geheimnis wird gelüftet
27 Brief	Nachricht kommt nicht
28 Mann	Mann sieht Gefahr nicht
29 Frau	Frau ist in Gefahr
30 Lilien	Gefahr für die Familie
31 Sonne	Explosion
32 Mond	Gefährliche, emotionale Spannungen

33 Schlüssel	Sicherheit ist nicht mehr da
34 Fische	Finanzieller Verlust
35 Anker	Job ist in Gefahr
36 Kreuz	Bedrohung hört endlich auf

10.3 Allgemeine Informationen zur Sense

Planet	Chiron: Hingabe, Heilung, Ernte
Zeitwert	Sofort, plötzlich
Person	Verletzend, Chirurg
Fortbewegungsmittel	Jet
Spiritstone	Schörl
Körperteil	Knochen: Bruch, Amputation
Chakra	Wurzelchakra
Gegenstand	Erntewerkzeug, Operationen
Jahreszeit	Spätsommer
Skatkarte	Karo Bube – Glückskind, Verhandlungen

10.4 Die Sensenmudra

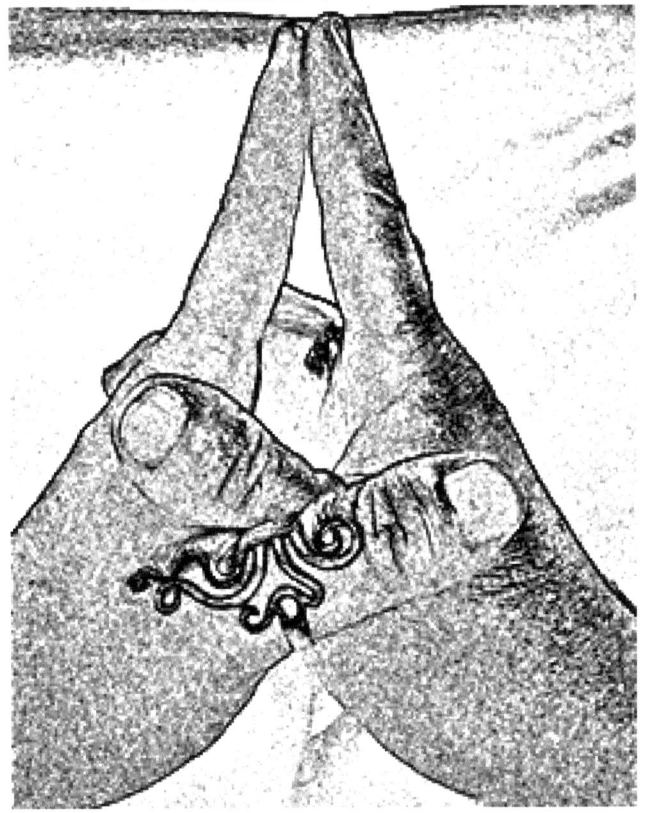

Die Sensenmudra
Die Hände werden gefaltet. Die Daumen überkreuzen sich dabei. Zeigefinger und kleine Finger werden gestreckt und an denSpitzen zusammengelegt.

10.5 Deutungsgeheimnis

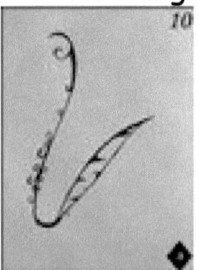

Bei der Sense kommt es auf die Richtung an, in die die Schneide zeigt. Dort wird alles abgeschnitten. Dort, wohin der Stiel zeigt, wird geerntet.

11.1 Ruten

Wo bei der Sense andere Menschen verantwortlich für Verletzungen sein können, hier bin ich es selbst.

Hier wird gegeißelt, was das Zeug hält, was die eigene Haut hergibt. Nichts ist so unnötig wie das! Und trotzdem lassen wir uns unseren Wert verkleinern, bis wir fast nicht mehr da sind.

Wir strafen uns selbst ab, für reale oder eingebildete Verfehlungen. Das muss nicht sein! Sich selbst gegenüber ist man kleinlich. Wahrscheinlich strahlt man dieses auch aus.

Einige Christen geißelten sich früher, um Gott näher zu sein. Heute ist Autoaggression ein Krankheitsbild, was der Realität eher entspricht.

Die andere Seite der Rute ist der Zweifel an etwas, was
einem nicht ganz geheuer erscheint.

Seine Intuition sollte man unbedingt Glauben schenken, das ist wichtig.

11.2 Kombinationen Ruten mit

1 Reiter	Selbstzweifel kommen schnell
2 Klee	Kurzes Zweifeln
3 Schiff	Zweifel an Lebensweg
4 Haus	Zweifel wegen Haus
5 Baum	Zweifel wegen Gesundheit
6 Wolken	Zweifel wegen Unklarheiten
7 Schlange	Zweifel bringen Verwicklungen
8 Sarg	Zweifel müssen erst besiegt werden
9 Blumen	Zweifel wegen eines Kindes
10 Sense	Plötzliche Zweifel
12 Vögel	Hin & her im Gespräch
13 Kind	Neue Zweifel
14 Fuchs	Falsche Zweifel
15 Bär	Mächtige Zweifel
16 Sterne	Zweifel wegen der Spiritualität
17 Störche	Zweifel bringen Veränderungen
18 Hund	Zweifel an einem Freund
19 Turm	Zweifel wegen Alleinsein

20 Park	Zweifel wegen der Gesellschaft
21 Berg	Zweifel führen zu Blockaden
22 Wege	Zweifel an Entscheidungen (Waagequalität)
23 Mäuse	Zweifel werden beseitigt
24 Herz	Zweifel an der Liebe
25 Ring	Zweifel an einer Beziehung/Bindung
26 Buch	Man kennt den Grund für die Zweifel nicht
27 Brief	Zweifel wegen einer Nachricht
28 Mann	Zweifel am Mann
29 Frau	Frau deckt Selbstzweifel auf
30 Lilien	Zweifel am Sexualleben/Unzufriedenheit
31 Sonne	In die Zweifel wird zuviel Energie gesteckt
32 Mond	Zweifel bringen Depressionen
33 Schlüssel	Zweifel bleiben sicher
34 Fische	Zweifel an Finanzen

35 Anker	Zweifel am Job
36 Kreuz	Zweifel werden beseitigt, das Schicksal greift ein

11.3 Allgemeine Informationen zu den Ruten

Planet	Lilith*: Kraft, Entmystifizierung
Zahlwert	Zwei
Zeitwert	Unerwartet
Person	Unsicher, quälend, kleine Statur
Spiritstone	Schneeflockenobsidian
Körperteil	Selbst
Heilmittel	Psychotherapie
Chakra	Stirnchakra
Gegenstand	Ruten, Schlagwerkzeuge
Skatkarte	Kreuz Bube – Ausländer, juristisches

*Kein Planet, Schnittstelle aus Erd- und Mondbahn

11.4 Die Rutenmudra

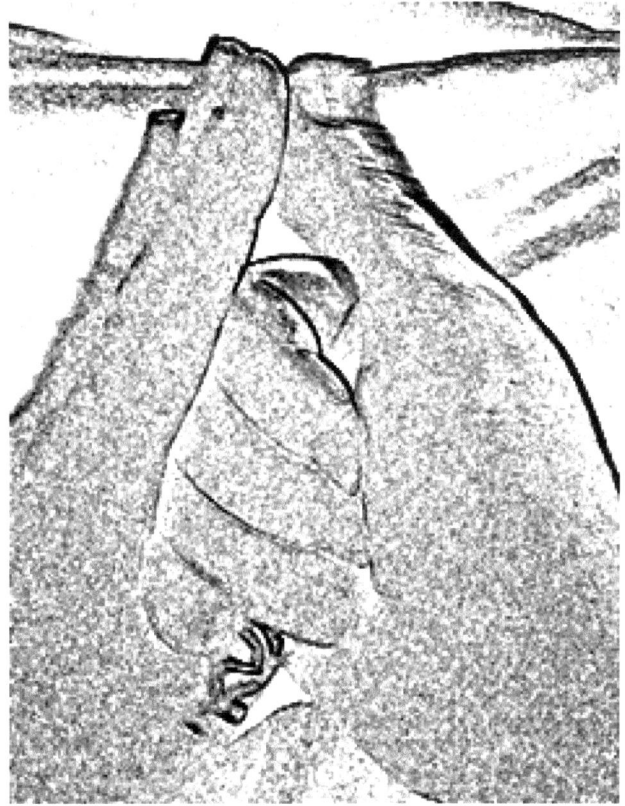

Die Rutenmudra
Die rechte Hand umschließt den Daumen der linken Hand. Der Daumen der rechten Hand wird gestreckt und berührt den Mittelfinger der linken Hand.

11.5 Deutungsgeheimnis

Die Karten, die vor den Ruten liegen, werden noch an Bedeutung gewinnen, da man hier an sich arbeiten könnte, anstatt sich zu „geißeln". Meist läuft ein unterbewusstes Programm.

12.1 Die Vögel oder Eulen

Die Vögel kennzeichnen sich durch Nervosität aus. Manchmal etwas ängstlich und immer auf dem Sprung, falls Gefahr droht. Kommunikativ immer auf der Höhe, schon fast lästerlich.

Eulen sind eher nachtaktiv, was dem heimlichen Mobbing entspricht.

Auch Weisheit, Kommunikation, Beutezug, altes Wissen, Mystik und Magie sind hier angesprochen.

Ganz nach Gehör wird gejagt, sich orientiert.

Tiefe Weisheit aus dem weiblichen Teil der Seele mag ebenfalls das Thema sein.

Im Medizinrad stehen die Eulen für fernöstliche Heilmethoden. Auch Hexen sind oft Begleiterinnen dieser Tiere.

Erwecke die eigene Magie!

12.2 Kombinationen Vögel mit

1 Reiter	Nervöser Mann
2 Klee	Viele Gespräche
3 Schiff	Hin- und Rückflug
4 Haus	Gespräch wegen Haus oder Umzug
5 Baum	Gespräch wegen der Gesundheit
6 Wolken	Gespräch bringt Unklarheiten
7 Schlange	Gespräch bringt Verwicklungen
8 Sarg	Gespräch führt zu nichts
9 Blumen	Flirt
10 Sense	Streitgespräch
11 Ruten	Zweifel an Gesagtem
13 Kind	Kinderkram
14 Fuchs	Lügen
15 Bär	Gespräch ist kraftvoll
16 Sterne	Pendeln
17 Störche	Gespräch bringt Veränderungen
18 Hund	Gespräch mit einem Freund
19 Turm	Gespräch wegen einer Trennung

20	Park	Chat
21	Berg	Gespräch ist blockiert
22	Wege	Gespräch bringt Entscheidung
23	Mäuse	Gespräch macht Kummer
24	Herz	Gespräch um die Liebe
25	Ring	Gespräch wegen einer Beziehung
26	Buch	Gespräch führt ins Geheime
27	Brief	Gespräch ist oberflächlich
28	Mann	Zwei Männer
29	Frau	Frau spricht etwas aus
30	Lilien	Gespräch in der Familie
31	Sonne	Streitgespräch
32	Mond	Emotionales Gespräch
33	Schlüssel	Gespräch mit Sicherheit
34	Fische	Gespräch wegen Finanziellem
35	Anker	Gespräch wegen des Jobs
36	Kreuz	Gespräch ist karmisch belastet

12.3 Allgemeine Informationen zu den Vögeln

Planet	Uranus: Schöpferkraft, Intelligenz, niemals dem Mainstream folgend
Zahlwert	Zwei
Zeitwert	Innerhalb von Stunden
Person	Älter, meist ein Paar, Senioren
Fortbewegungsmittel	Flugzeug
Spiritstone	Rutilquarz
Körperteil	Nerven
Tier	Vögel
Chakra	Halschakra
Gegenstand	Telefon, Smartphone, Handy > Telekommunikation
Kommunikation	SMS, Gespräch
Skatkarte	Karo 7 – Veränderung, Unruhe

12.4 Die Vogelmudra

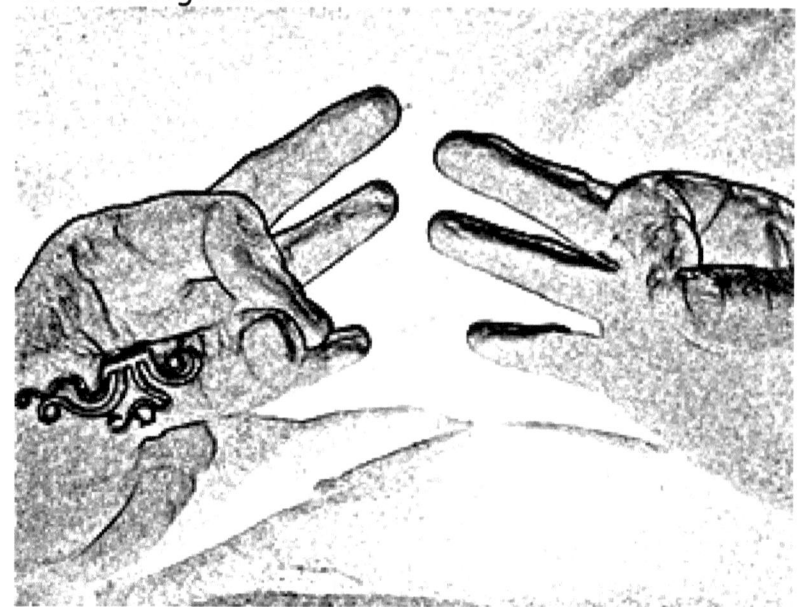

Die Vogelmudra
Daumen und Zeigefinger der jeweils rechten und linken Hand bilden Kreise. Die restlichen Finger sind leicht gestreckt.

12.5 Deutungsgeheimnis

Vögel sind zwar sehr schreckhaft, aber wenn sie einen sicheren Platz gefunden haben, so lassen sie sich gerne nieder.

13.1 Kind

Kinder sind ein Segen! Hier mag die eigene Kindheit das Thema sein. Aber auch der Nachwuchs ist hier gemeint.

Vorsicht vor der eigenen Unmündigkeit, unreifen Konflikten oder kindischem Verhalten. Hier spiegelt sich deutlich ein Konflikt mit dem eigenen, inneren Kind wider.

Auch eigene Zukunftsgedanken finden sich hier wieder, denn das Kind in einer Legung steht für einen neuen Anfang. Ganz ohne Verluste, wie der Sarg das andeutet.

Unbefangenheit und Verspieltheit werden deutlich, wenn diese bisher vernachlässigt wurden. Unschuld darf hier nicht vergessen werden!

Wie kann ich mein inneres Kind retten?

13.2 Kombinationen Kind mit

1 Reiter	Kind lernt laufen
2 Klee	Neues Glück
3 Schiff	Kind macht eine Reise
4 Haus	Neues Haus
5 Baum	Neuer Lebensabschnitt
6 Wolken	Neue Unklarheiten
7 Schlange	Neue Rivalin
8 Sarg	Kind ist krank
9 Blumen	Sohn und Tochter
10 Sense	Plötzlicher Neuanfang
11 Ruten	Neue Selbstzweifel
12 Vögel	Neue Gesprächsthemen
14 Fuchs	Kind lügt oder es gibt neue Lügen, nicht das eigene Kind
15 Bär	Vater und Sohn
16 Sterne	Spirituell begabtes Kind
17 Störche	Schwangerschaft
18 Hund	Neuer Freund
19 Turm	Neuanfang macht man alleine

20 Park	Neue Kontakte
21 Berg	Neue Blockaden
22 Wege	Neue Wege tun sich auf
23 Mäuse	Kind hat Kummer
24 Herz	Neue Liebe
25 Ring	Neue Bindungen
26 Buch	Kind kennt man noch nicht
27 Brief	Frühe Schwangerschaft
28 Mann	Mann sieht die neue Situation nicht
29 Frau	Frau sieht die neue Situation
30 Lilien	Neue Familie
31 Sonne	Neue Energie
32 Mond	Neue Gefühle
33 Schlüssel	Kind ist selbstsicher
34 Fische	Neues in Finanzen
35 Anker	Neuer Arbeitsplatz
36 Kreuz	Kind ist karmisch belastet

13.3 Allgemeine Informationen zum Kind

Haus	5. Haus: Manifestierung, Zeugungskraft, Vater
Person	Kleinkind, Baby, inneres Kind, naiv, unreif
Spiritstone	Andenopal
Landschaft	Neubaugebiet, Italien
Tier	Jungtier
Heilmittel	Therapeutisches Modell des inneren Kindes
Jahreszeit	Frühling
Chakra	Wurzelchakra
Gegenstand	Spielzeug
Kommunikation	Nonverbal
Skatkarte	Pik Bube – Vorsicht oder Sehnsucht nach eigenem Kind

13.4 Die Wiegenmudra

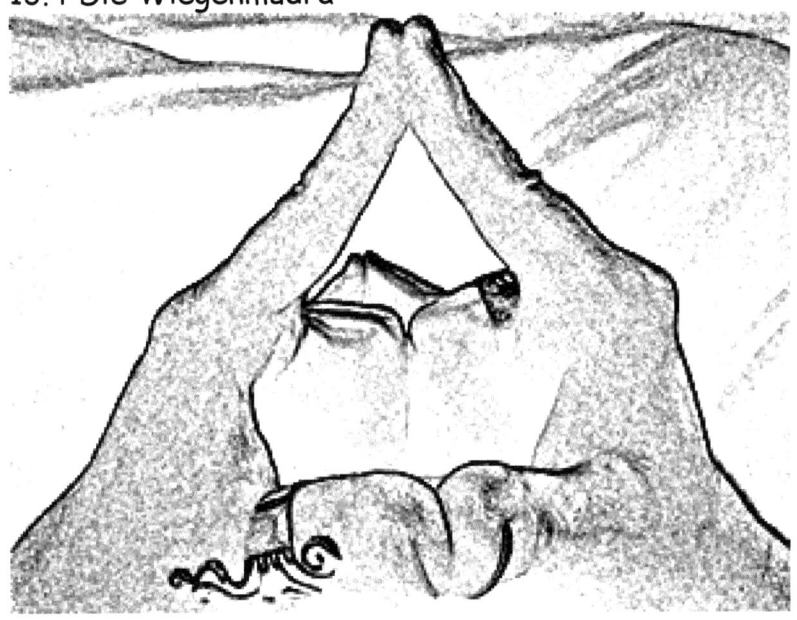

Die Wiegenmudra
Die Hände zu Fäusten ballen. Die Zeigefinger und Daumen jeweils aneinander pressen. Die Knöchel der übrigen Finger berühren sich.

13.5 Deutungsgeheimnis

Karten, die vor dem Kind liegen, führen in den Neuanfang. Diese sind in jedem Fall zu beachten.

14.1 Fuchs

Mit Vorsicht, Raffinesse und Mut kommt der Fuchs ins Kartenblatt. Doch anders als die Schlange ist dieser weniger mystisch. Hier geht es eher um die „Bauernschläue".

Klugheit und Vertrauen sind oft das Thema, wenn der Fuchs sich zeigt. Auch die Lüge darf man nicht unterschätzen.

Der Fuchs ist ein Überlebenskünstler, was sonst keine der anderen Karten anzeigt. Intuition und andere Aspekte der bisher ausgelebten Spiritualität sind ein Zeichen des Fuchses.

Tritt ein Freund in dieser Gestalt auf, so ist dieser auf den eigenen Vorteil bedacht. Als eigenständige Person ist der Fuchs verschlagen und hinterlistig, klaut gerne mal fremde Ideen, um diese für sich zu nutzen.

Wo bin ich nicht ehrlich?
Warum bin ich nicht ehrlich?

14.2 Kombinationen Fuchs mit

1	Reiter	Vorsichtig an etwas herangehen
2	Klee	Glück ist echt
3	Schiff	Reise ist das Richtige
4	Haus	Haus ist das Richtige
5	Baum	Richtige Lebensführung
6	Wolken	Unklarheiten ehrlich angehen
7	Schlange	Frau ist ehrlich/vorsichtig
8	Sarg	Vorsicht führt hier nicht weiter
9	Blumen	Tochter ist ehrlich
10	Sense	Ehrlichkeit kommt plötzlich
11	Ruten	Ehrliche Gespräche
12	Vögel	Vorsichtige Zweifel
13	Kind	Sohn ist ehrlich
15	Bär	Stärke ist ehrlich
16	Sterne	Vorsichtig an Spiritualität herantasten
17	Störche	Veränderung ist richtig
18	Hund	Freund ist ehrlich
19	Turm	Trennung ist der bessere Weg

20 Park	Gesellschaft ist das Richtige
21 Berg	Vorsichtig kommt man hier nicht voran
22 Wege	Vorsichtige Entscheidungen
23 Mäuse	Verluste sind schleichend
24 Herz	Vorsichtig in Herzensdingen sein
25 Ring	Vorsichtig mit dem Vertrag oder eine Beziehung umgehen
26 Buch	Vorsicht wegen der Geheimnisse
27 Brief	Ehrliche Post
28 Mann	Mann sieht Ehrlichkeit nicht
29 Frau	Frau ist ehrlich
30 Lilien	Heimliche sexuelle Beziehung
31 Sonne	Vorsichtig mit Energie umgehen
32 Mond	Vorsichtig mit Gefühlen umgehen
33 Schlüssel	Ehrlichkeit mit Sicherheit
34 Fische	Finanzen sind ehrlich verdient
35 Anker	Job ist der Richtige

36 Kreuz   Ehrlichkeit ist karmisch belastet und kommt nicht an

14.3 Allgemeine Informationen zum Fuchs

Planet	Pluto: Maske, Fleiß, Emanzipation
Person	Schlank, rote Haare, Lügner, verschlagen
Spiritstone	Mookait
Körperteil	Haare
Tier	Fuchs, Kojote
Chakra	Wurzelchakra
Gegenstand	Filmindustrie
Kommunikation	Lügen, Schein
Skatkarte	Kreuz 9 – finanziell Unsicher

14.4 Die Fuchsmudra

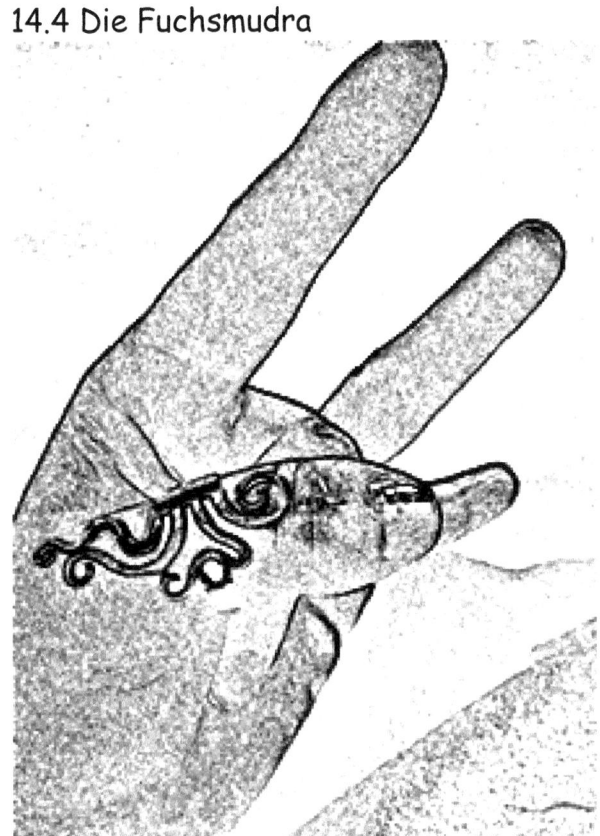

Die Fuchsmudra
Der Mittelfinger der linken Hand wird in die Handfläche geknickt. Der Daumen wird darüber gelegt.

14.5 Deutungsgeheimnis

Der Fuchs schaut immer dahin, wo etwas falsch ist oder verkehrt läuft. Also die Blickrichtung beachten.

15.1 Bär

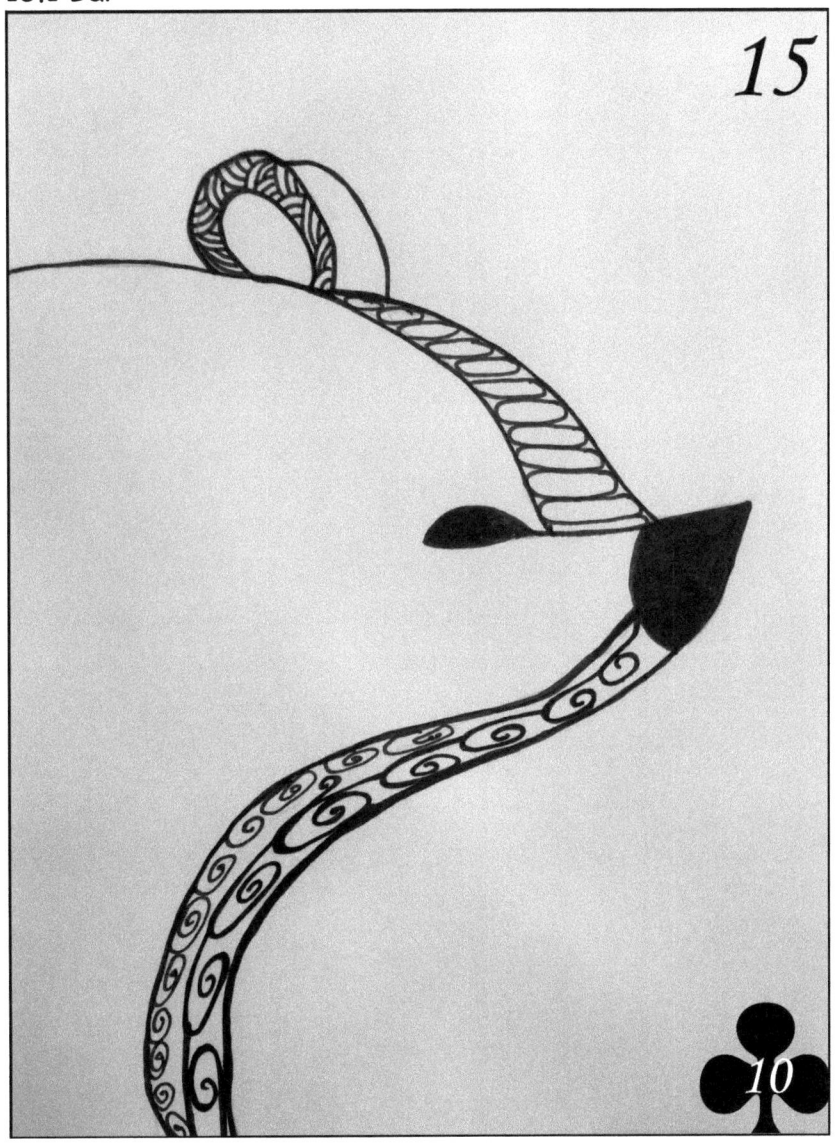

Gutmütig, behäbig, müde, gemütlich und tapsig setzt sich der Bär ins Kartenbild. Doch wehe, er wird gereizt. Dann geht er hoch, greift an, beschützt, verteidigt.

Als König der Wälder ist er oft Besitz ergreifend und eifersüchtig. Was er einmal in seinen Pranken hält, er gibt es nicht freiwillig her.

Im Märchen ist der Bär der verzauberte Prinz, im realen Leben bleibt er der Bär. Auch wenn die Frau noch so sehr auf Veränderung hofft, der Bär bleibt eifersüchtig und wehrhaft, geradezu aggressiv.

Das eigene Selbstvertrauen, wenn es stark und solide ist, wird hier oft in den Karten dargestellt.

Ist die Liebe bedrohlich?

15.2 Kombinationen Bär mit

1 Reiter	Mann mit älterem Sohn
2 Klee	Stärke bringt Glück
3 Schiff	Durchsetzungskraft durch eine Reise
4 Haus	Kraftvolles Haus
5 Baum	Kraftvolles Leben
6 Wolken	Unklarheiten sind sehr stark verankert
7 Schlange	Ein Paar, nicht verheiratet
8 Sarg	Stärke bringt nichts
9 Blumen	Vater mit Tochter
10 Sense	Stärke macht aggressiv
11 Ruten	Selbstzweifel sind zu stark
12 Vögel	Doppelte Stärke
13 Kind	Mann mit Kind
14 Fuchs	Mann lügt
16 Sterne	Mann ist spirituell begabt
17 Störche	Stärke bringt Veränderungen
18 Hund	Dieser Mann ist kein Mann des

	Herzens, eher ein Freund
19 Turm	Stärke macht einsam
20 Park	Enger Kontakt
21 Berg	Stärke behindert
22 Wege	Starke Entscheidung, die nicht einfach war
23 Mäuse	Stärke kostet zu viel Kraft
24 Herz	Starke Liebe
25 Ring	Starke Beziehung
26 Buch	Stärke wird nicht gezeigt
27 Brief	Mann ist oberflächlich
28 Mann	Mann hat wenig Kontakt zum Vater
29 Frau	Frau hat Kontakt zum Vater
30 Lilien	Sexualität ist zur Nebensache mutiert
31 Sonne	Kraft ist positiv
32 Mond	Kraft bringt Erfolg
33 Schlüssel	Kraft macht selbstsicher
34 Fische	Geld ist stabil angelegt

35 Anker	Job ist sicher
36 Kreuz	Stärke ist karmisch gewachsen, aus dem Schicksal heraus, nicht weil man das wollte

15.3 Allgemeine Informationen zum Bären

Haus	Erstes Haus: Geburt, Instinkt, Ego
Zeitwert	Langsam
Person	Älterer Mann, korpulent, Großvater, Chef
Fortbewegungsmittel	Limousine
Spiritstone	Sonnenstein
Körperteil	Muskeln
Tier	Bär
Chakra	Scheitelchakra
Skatkarte	Kreuz 10 – Schicksalsrad, Erbe, Erfolg

15.4 Die Bärenmudra

Die Bärenmudra
Der Zeigefinger der linken Hand wird zur Handinnenfläche geknickt. Der Daumen legt sich darüber. Die restlichen Finger werden ausgestreckt.

15.5 Deutungsgeheimnis

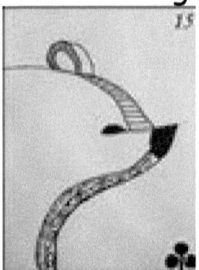

Auch bei dem Bären ist die Blickrichtung entscheidend. Als Charaktereigenschaft ist seine Stärke nicht zu unterschätzen. Mit süßen Sachen ist er aber immer zu beschwichtigen. Und hier kommt eine wichtige Frage ins Spiel: Wo fehlt im eigenen Leben die Süße? Gerade bei Übergewicht ist diese Frage wertvoll, um diesem auf den Grund zu gehen. Hier ist dringend eine Kehrtwendung angesagt.

16.1 Sterne

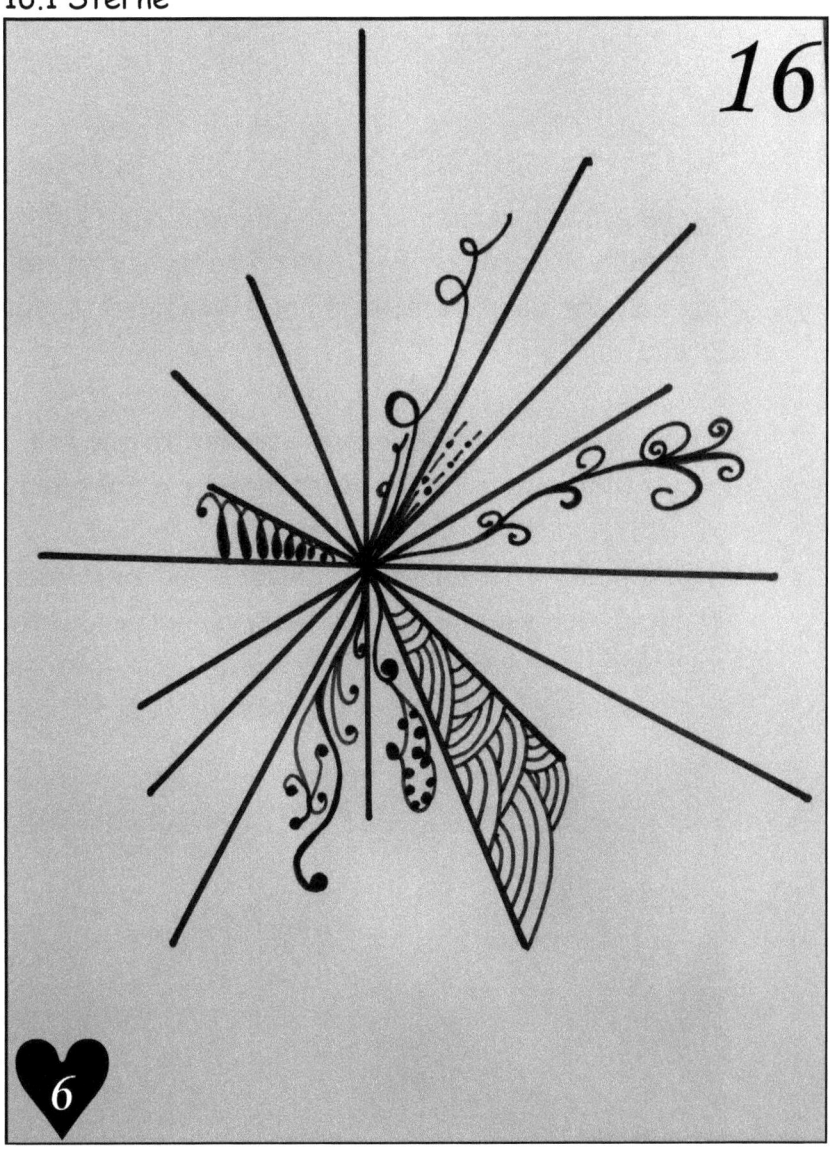

Nicht antastbar wie der Glaube eines Menschen, unfassbar wie Spiritualität, so sind sie, die Sterne. Die Quelle von Licht und Helligkeit in der Nacht.

Wo braucht man mehr Licht in seinem Leben?

Sterne symbolisieren auch den Wunsch nach Führung, nach Wissen und Rat. Manchmal scheinen sie ganz nah und doch, wenn man nach ihnen greift, sind sie weg.

Es lohnt sich immer, nach den Sternen zu greifen. Das ist die Essenz von Wissenschaft und Forschung.

Oft von anderen Menschen belächelt, ist es doch nur der Neid, der sie in ihrer Stellung verharren lässt. Oberflächlich betrachtet. Gräbt man tiefer, so blickt man der Unsicherheit direkt ins Gesicht.

16.2 Kombinationen Sterne mit

1 Reiter		Man wird spirituell angetrieben
2 Klee		Heilpflanzen (Homöopathie, Bachblüten)
3 Schiff		Man kommt spirituell weiter
4 Haus		Spirituelles Haus
5 Baum		Spirituelles Leben
6 Wolken		Wünsche sind unklar
7 Schlange		Spirituelle Frau
8 Sarg		Wünsche sind jetzt nicht erfüllbar
9 Blumen		Spirituelle Tochter
10 Sense		Spiritualität kommt plötzlich
11 Ruten		Zweifel an der Spiritualität
12 Vögel		Gespräche sind spirituell
13 Kind		Spiritueller Sohn
14 Fuchs		Falsche Wünsche
15 Bär		Wünsche sind sehr stark
17 Störche		Spiritualität erfährt Wandel
18 Hund		Spiritueller Freund
19 Turm		Wunsch nach Einsamkeit

20 Park	Esoterische Gemeinschaft
21 Berg	Spiritualität ist blockiert
22 Wege	Spirituelle Entscheidungen
23 Mäuse	Esoterik kostet zu viel Kraft! Vorsicht vor Energievampiren
24 Herz	Wunsch nach Liebe
25 Ring	Wunsch nach einer Beziehung
26 Buch	Der spirituelle Weg ist noch unbekannt
27 Brief	Kartenlegen
28 Mann	Mann sieht seine Wünsche nicht
29 Frau	Frau ist spirituell
30 Lilien	Wunsch nach Familie, spirituelle Familie
31 Sonne	Klarheit bringt Energie
32 Mond	Hohe Spiritualität
33 Schlüssel	Esoterik bringt Sicherheit
34 Fische	Wunsch nach mehr Geld
35 Anker	Wunsch nach einem Job oder einer Aufgabe

36 Kreuz Spiritualität ist eine karmische Lernaufgabe

16.3 Allgemeine Informationen zu den Sternen

Sternzeichen	Wassermann: Forscher, Entdecker, Analyse
Zahlwert	Unendlich
Zeitwert	Unendlich
Person	Klar denkender Mensch, spirituell, groß gewachsen, gerade Haltung
Fortbewegungsmittel	Schlitten
Spiritstone	Bergkristall
Körperteil	Gehirn
Landschaft	Gletscher, Grönland, Nordpol
Jahreszeit	Winter
Chakra	Scheitelchakra
Gegenstand	Stern
Kommunikation	Satellit
Tageszeit	Früher Abend
Skatkarte	Herz 6 – Eingebung, Intuition

16.4 Die Sternenmudra

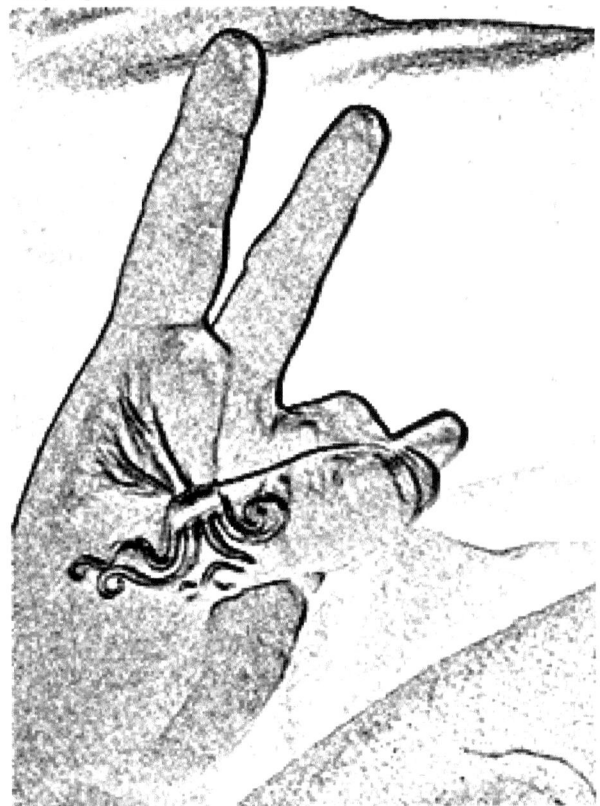

Die Sternenmudra
Daumen und Ringfinger der linken Hand treffen sich an den Spitzen. Die restlichen Finger sind gestreckt.

16.5 Deutungsgeheimnis

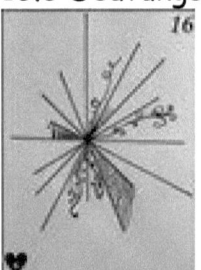

Sterne bringen nicht nur Klarheit, sie bringen auch viel Kühle und Entfernung. Man kann sich in ihnen verlieren, so auch in der Esoterik. Also passen sie ein wenig auf.

17.1 Störche

Freunde mit Federn, sie bringen die Veränderungen. Kinderwunsch oder die Reflexion der eigenen Kindheit hat er im Gepäck. Die Veränderungen sind selten klein.

Geistige Tiefe und der eigene Wille sind zentrales Thema bei dieser Karte. Auch seelische Ausgeglichenheit bringt der Storch.

Gemeinschaft und Zusammenhalt wollen beachtet werden, der Storch lässt sich auf dem Schornstein des Hauses nieder und soll Glück bringen. Je größer die Gemeinschaft, umso besser.

Ein Storch wartet übrigens nicht ewig auf seine Partnerin! Irgendwann sucht er sich eine neue Frau.

Und Vorsicht: Ignoriert man ihn, dann verändert sich das Leben von Außen. Und das muss man dann ertragen.

Wo will ich mich verändern?
Was kann ich leicht verändert und wo gibt es Schwierigkeiten?

17.2 Kombinationen Störche mit

1 Reiter	Veränderungen kommen auf einen zu
2 Klee	Veränderungen kommen kurzfristig
3 Schiff	Veränderungen auf einer Reise
4 Haus	Umzug
5 Baum	Lebensveränderung
6 Wolken	Veränderungen bringen Unklarheiten
7 Schlange	Veränderungen auf Umwegen
8 Sarg	Veränderungen bringen jetzt nichts
9 Blumen	Veränderungen sind positiv
10 Sense	Veränderungen kommen plötzlich, wie aufgezwungen
11 Ruten	Veränderungen lösen Zweifel aus
12 Vögel	Doppelte Veränderungen
13 Kind	Kind bringt die Veränderung
14 Fuchs	Falsche Veränderungen
15 Bär	Veränderungen haben starke Auswirkungen

16 Sterne	Veränderung wird klarer
18 Hund	Veränderungen durch einen Freund
19 Turm	Veränderung bedeutet Selbständigkeit
20 Park	Veränderungen in den Kontakten
21 Berg	Veränderungen sind blockiert
22 Wege	Veränderung führt zu neuen Wegen
23 Mäuse	Die Veränderung bringt Kummer
24 Herz	Veränderungen in der Liebe
25 Ring	Veränderungen in einer Beziehung
26 Buch	Veränderungen sind noch ein Geheimnis
27 Brief	Nachricht verändert etwas
28 Mann	Mann will sich nicht verändern
29 Frau	Frau verändert sich
30 Lilien	Sexualität verändert sich
31 Sonne	Veränderung bringt positive Energie
32 Mond	Veränderungen im Gefühlsleben
33 Schlüssel	Veränderungen mit Sicherheit

34 Fische	Veränderungen bringen Geld
35 Anker	Jobwechsel
36 Kreuz	Veränderung ist karmisch bedingt

17.3 Allgemeine Informationen zu den Störchen

Sternzeichen	Widder: willensstark, veränderlich, kraftvoll
Person	Veränderungswillig, schlanke Person, charmant, flexibel, launisch
Spiritstone	Karneol
Tier	Storch, große Vögel
Chakra	Sakralchakra
Gegenstand	Wiege
Skatkarte	Herz Dame – warmherzig, Freundin

17.4 Die Storchenmudra

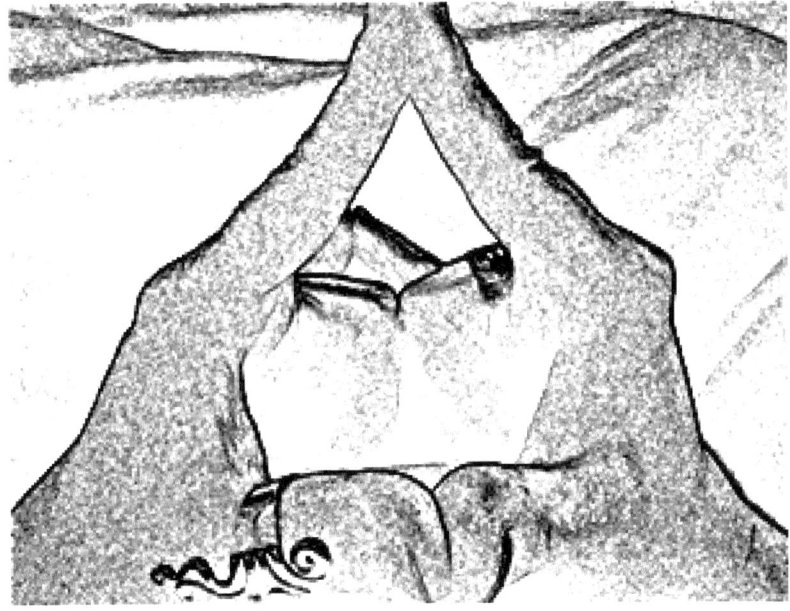

Die Storchenmudra
Die Hände werden zu Fäusten geballt. Daumen, Zeigefinger und kleiner Finger bleiben gestreckt, treffen sich an den Fingerspitzen.

17.5 Deutungsgeheimnis

Der Storch schaut immer in die Veränderung. Also bitte die Blickrichtung beachten. Dort, wo sich etwas verändern muss, schaut er hin.

18.1 Hund

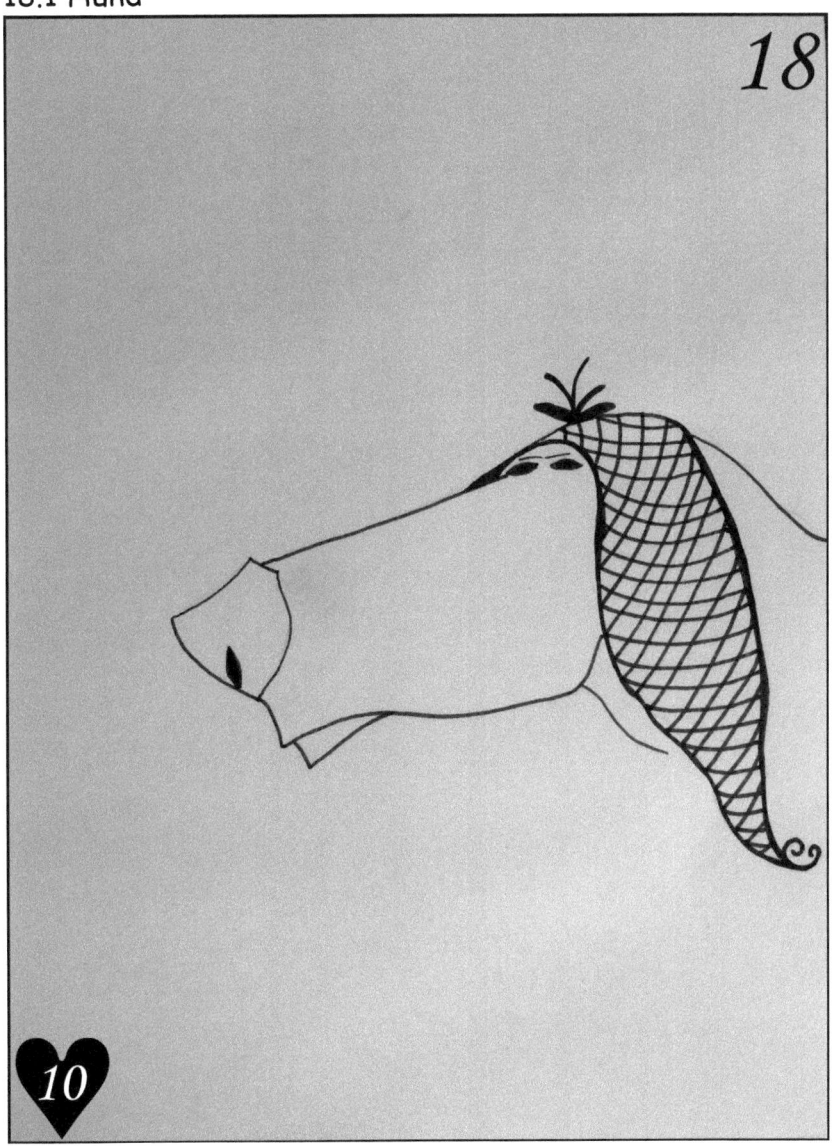

Der beste Freund des Menschen. Treu ergeben und immer da! Bedingungslose Liebe, Vertrauen und Loyalität, der Beschützer und Wächter. Zeit, sich selbst die Frage zu stellen, ob man ein guter Freund ist, oder fähig, bedingungslos zu lieben.

Als Nachfahre des Wolfes ist der Hund ein typisches Rudeltier, braucht dringend Anschluss.

Der Hund kann auch aggressiv über seinen Besitz wachen, was jedoch eher die Ausnahme darstellt, hier aber nicht unerwähnt bleiben soll.

Der Hund hat eher männliche Qualitäten.

Man könnte meinen, wer ihn zum Freund hat, ist glücklich. Allerdings ist die vollkommene Ergebenheit nur kurz das Höchste der Freude. Hier findet keine Differenzierung statt und alles wird gut geheißen. Das ist nicht nützlich, wenn man einen Rat benötigt, der ehrlicherweise auch die Schattenseiten eines Menschen einbeziehen soll.

Wo kann ich mir selbst treu sein?

18.2 Kombinationen Hund mit

1 Reiter	Freund kommt auf einen zu
2 Klee	Freundschaft bringt Glück
3 Schiff	Freundschaft bringt einen voran
4 Haus	Freund im Haus
5 Baum	Freund ist emotional gefestigt
6 Wolken	Freundschaft birgt Unklarheiten
7 Schlange	Befreundetes Paar
8 Sarg	Freundschaft ist beendet und macht Platz für Neues
9 Blumen	Freund flirtet
10 Sense	Freund ist sehr spontan, Gefahr für einen Freund
11 Ruten	Freundschaftlicher Streit
12 Vögel	Freund sucht das Gespräch
13 Kind	Freund ist jünger
14 Fuchs	Freund lügt
15 Bär	Freundschaft ist sehr stark

16 Sterne	Freund hilft bei einem Wunsch
17 Störche	Freundschaft verändert sich
19 Turm	Freund ist einsam
20 Park	Viele Bekannte
21 Berg	Freund ist blockiert
22 Wege	Freund ist entscheidungsfähig
23 Mäuse	Freund ist sehr angeschlagen
24 Herz	Freund liebt
25 Ring	Treue Beziehung
26 Buch	Freund ist unbekannt
27 Brief	Freund ist oberflächlich
28 Mann	Freund stärkt ihm den Rücken
29 Frau	Frau ist treu
30 Lilien	Freund der Familie
31 Sonne	Freund hat ein sonniges Gemüt
32 Mond	Freund ist oft emotional
33 Schlüssel	Freund ist sicher für einen da
34 Fische	Freundschaft geht tief
35 Anker	Arbeitskollege

36 Kreuz   Freundschaft ist schon sehr
           alt und karmisch belastet

18.3 Allgemeine Informationen zum Hund

Haus	11. Haus: Idealismus, Profilierung, Gesellschaft
Person	Treu ergeben, Freund, männlich, große Rehaugen, solide
Spiritstone	Lapislazuli
Tier	Hund, Wolf
Chakra	Stirnchakra
Kommunikation	Brieffreundschaft
Skatkarte	Herz 10 – Rettung, Zukunft

18.4 Die Hundemudra

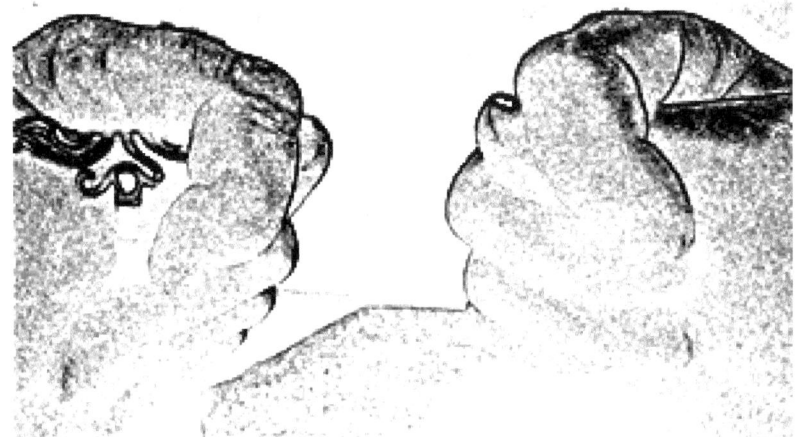

Die Hundemudra
Die Daumen beider Hände werden zwischen Zeige- und Mittelfinger geschoben, die Hände zur Faust geballt.

18.5 Deutungsgeheimnis

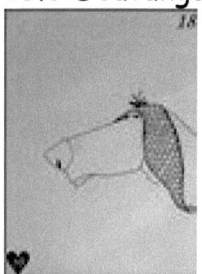

Auch bei dieser Karte zählt die Blickrichtung des Tieres. Hunde sind allgemein sehr geduldig und ertragen manchmal viel zuviel. Diese Geduld oder Duldsamkeit kann man durchaus auf den Menschen übertragen. Hier solltest du also gut auf sich achten, dass du nicht alles von dir gibst. Zum Schluss bleibt sonst für dich selbst nicht mehr viel. Das bedeutet dann aber auch nicht, dass du die Schuld bei anderen Menschen suchen darfst. Das warst du leider selbst.

19.1 Turm

Er hat gleich zwei Funktionen: Er schützt den Bewohner und er schützt die Umwelt vor dem Bewohner.

Enger als eine Burg, schafft er eine schützende Hülle um seinen Bewohner.

Der Turm steht für Eigenständigkeit, das Ego. Es kommt eben immer darauf an, wie das Fundament beschaffen ist. Bei solider Bauweise kann das schon mal einen schlimmen Egomanen hervor bringen.

Zum anderen steht der Turm auch für den aufstrebenden Menschen, der sich seiner sicher ist. Der Macher also!

Ob der Macher allerdings durch die dicken Mauern hindurch sein Gefühl wahrnehmen kann? Da wird es schwierig. Wenn der Schutzmechanismus behindert, dann spürt man sich selbst nicht mehr und macht unter Umständen der Einsamkeit zuviel Platz.

Dem Turm kann man sowohl männliche wie auch weibliche Qualitäten zuordnen.

Auch eine berufliche Selbstständigkeit mit vielen Lernaufgaben zeigt der Turm an.

19.2 Kombinationen Turm mit

1 Reiter	Nur allein kommt man voran
2 Klee	Alleine glücklich
3 Schiff	Alleine auf Reisen
4 Haus	Großes Haus
5 Baum	Schon länger alleine
6 Wolken	Selbständigkeit ist unklar
7 Schlange	Mutter
8 Sarg	Alleine kommt man nicht weiter
9 Blumen	Flirt-bereit
10 Sense	Plötzlich ist man alleine
11 Ruten	Einsamkeit löst Zweifel aus
12 Vögel	Gespräche wegen Trennung
13 Kind	Einsamkeit ist neu
14 Fuchs	Einsamkeit ist falsch
15 Bär	Vater
16 Sterne	Alleine spirituelle Erkenntnisse gewinnen
17 Störche	Einsamkeit sorgt für Verände-

	rungen
18 Hund	Freund beendet Einsamkeit
20 Park	Einsamkeit wird durch das Internet bekämpft
21 Berg	Einsamkeit blockiert
22 Wege	Einsame Entscheidung treffen
23 Mäuse	Einsamkeit hört auf
24 Herz	Einsamkeit trotz Liebe
25 Ring	Einsamkeit in einer Beziehung
26 Buch	Einsamkeit kennt man noch nicht, großes Haus ist unbekannt
27 Brief	Trennung ist oberflächlich und halbherzig
28 Mann	Mann bemerkt die Einsamkeit nicht
29 Frau	Frau ist einsam
30 Lilien	Einsamkeit trotz Familie
31 Sonne	Einsamkeit wird positiv erlebt
32 Mond	Einsamkeit bringt den Erfolg

33 Schlüssel	Einsamkeit mit Sicherheit
34 Fische	Einsamkeit bringt Trauer
35 Anker	Job in großem Unternehmen
36 Kreuz	Einsamkeit ist karmisch und vorläufig nicht zu ändern

19.3 Allgemeine Informationen zum Turm

Planet	Saturn: Konsequenz, gegen jeden Widerstand, Ordnung
Zahlwert	Eins
Zeitwert	Wird selbst festgelegt
Person	Egoist, selbstständig, Vorgesetzter, trennungswillig
Spiritstone	Regenbogenobsidian
Körperteil	Knochen, Skelett
Chakra	Wurzelchakra
Gegenstand	Steine
Kommunikation	Keine Kommunikation möglich oder erschwert
Skatkarte	Pik 6 – Widerstand, Geduld wahren

19.4 Die Turmmudra

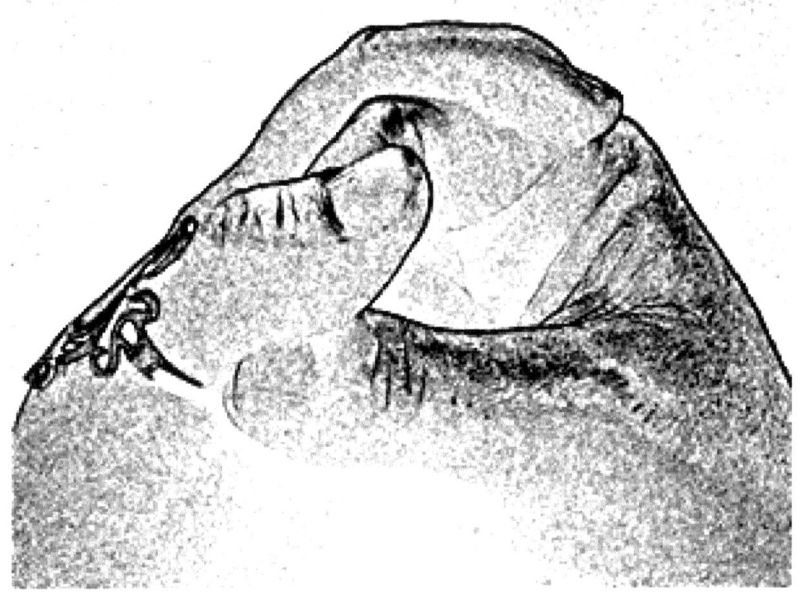

Die Turmmudra
Die rechte Hand wird zur Faust geballt. Die linke Hand umschließt diese.

19.5 Deutungsgeheimnis

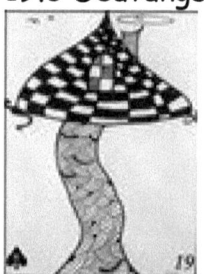

Die Ereignisse, die in Form von Karten vor dem Turm liegen, werden ein Ende finden. Allerdings ist hier kein endgültiges Aus zu erwarten, häufig drückt der Turm auch nur eine gewisse Distanz aus. Ein Ende ohne Wiederkehr ist mit dem Sarg als anschließende Karte zu erwarten.

20.1 Park

Öffentlichkeit symbolisiert diese Karte. Sich nach außen zeigen, sich öffnen. Das Ganze findet kontrolliert statt, der Park will schließlich gepflegt sein.

Und hier haben wir die Maske. Manchmal fällt diese plötzlich zu Boden und der Mensch weiß gar nicht, wohin. Oft bleibt nur die Flucht.

Geselligkeit und Spaß können hier ebenso gut gemeint sein. Jedenfalls ist es immer ein nach Außen wollen.

Gesellschaftliche Anerkennung und berufliche Ziele will wohl jeder erreichen, was absolut legitim ist.

20.1 Kombinationen Park mit

1 Reiter	Etwas kommt aus der Öffentlichkeit
2 Klee	Glück auf einem Treffen
3 Schiff	Bis zum Treffen dauert es noch ein wenig
4 Haus	Öffentliches Haus
5 Baum	Krankenhaus
6 Wolken	Bei diesem Treffen sollte man auf-passen
7 Schlange	Treffen mit einer Frau, die älter ist
8 Sarg	Beerdigung
9 Blumen	Gartenparty
10 Sense	Treffen kommt plötzlich
11 Ruten	Treffen löst Selbstzweifel aus
12 Vögel	Viele Gespräche während des Treffens
13 Kind	Kindertagesstätte
14 Fuchs	Falscher Umgang
15 Bär	Treffen bringt Kraft

16 Sterne	Treffen am Abend
17 Störche	Treffen bringt Veränderungen
18 Hund	Treffen mit Freunden
19 Turm	Gerichts- oder Amtstermin
21 Berg	Treffen findet noch nicht statt
22 Wege	Entscheidung wird öffentlich gemacht
23 Mäuse	Treffen macht Kummer oder kostet Energie
24 Herz	Bei diesem Treffen geht es um die Liebe
25 Ring	Hochzeit (mit Kreuz kirchlich)
26 Buch	Geheime Treffen
27 Brief	Termin für ein Treffen kommt als Nachricht
28 Mann	Mann weiß noch nichts von diesem Treffen
29 Frau	Frau bereitet sich auf ein Treffen vor
30 Lilien	Familientreffen
31 Sonne	Treffen am Tag

32 Mond	Treffen bei Nacht
33 Schlüssel	Treffen findet in jedem Fall statt
34 Fische	Treffen wegen der Finanzen
35 Anker	Arbeitstreffen
36 Kreuz	Gottesdienst

20.3 Allgemeine Informationen zum Park

Haus	10. Haus: Norm, Zeitgeist, Kontinuität
Person	Exhibitionist, Marketingbranche, kreativ, Lebenskünstler
Spiritstone	Malachit
Körperteil	Stimmbänder
Landschaft	Gepflegt, Grossstadt
Chakra	Nabelchakra
Kommunikation	Coming out, Familientreffen, Theater
Skatkarte	Pik 8 – Erfolg, unflexibel

20.4 Die Parkmudra

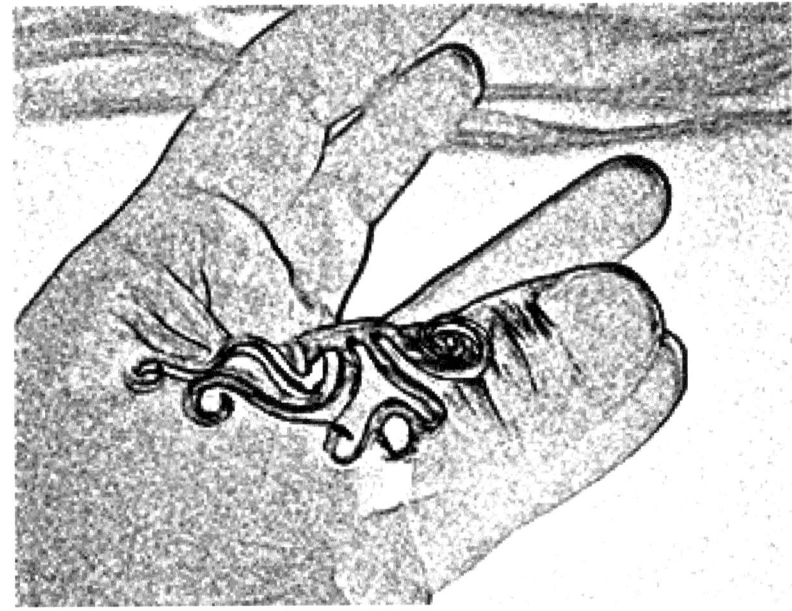

Die Parkmudra
Daumen und kleiner Finger der linken Hand berühren sich an den Fingerkuppen. Die restlichen Finger sind leicht gestreckt.

20.5 Deutungsgeheimnis

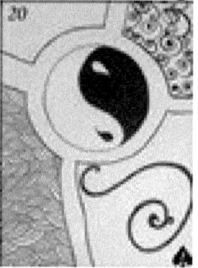

Der Park verträgt keine Geheimnisse. Alles, was in ihn gezogen wird, drängt zugleich an die Öffentlichkeit. Diese Öffentlichkeit kann auch so groß sein, dass viele Dinge in dem Strudel untergehen. Sollen sie also Bestand haben, so ist hier viel Arbeit zu investieren.

21.1 Berg

Blockaden, Anstrengungen, Misserfolge! So sieht es aus, wenn der Berg erscheint. Aber keine Angst, er lässt sich überwinden, wenn auch langsam und mit viel Kraftaufwand.

Das Gute dabei ist, man lernt sich dabei wirklich gut selbst kennen.

Gefahr von Außen kann drohen, wenn der Berg auftaucht. Seien Sie diplomatisch, da hier die Brechstange nicht angebracht ist.

Vielleicht ist so eine Blockade nicht das Schlechteste, es entschleunigt ein wenig unser Leben im Schnelligkeitswahn.

Was bin ich bereit zu tun, um Erfolg zu haben? Wo liegen meine Grenzen?

21.2 Kombinationen Berg mit

1 Reiter	Blockade wird schnell überwunden
2 Klee	Hinter den Blockaden wartet das Glück
3 Schiff	Blockade bezwingt man nur durch eigenes Handeln
4 Haus	Blockade mit dem Rückzug in sich selbst bezwingen
5 Baum	Blockade kostet viel Zeit, Jahre
6 Wolken	Blockade löst Unklarheiten aus
7 Schlange	Blockade bringt Verwicklungen
8 Sarg	Blockade beendet etwas
9 Blumen	Nach der Blockade wird es besser
10 Sense	Blockade wird plötzlich da sein
11 Ruten	Blockade sorgt für Selbstzweifel
12 Vögel	Viele Blockaden oder Blockaden durch Stress
13 Kind	Nach der Blockade kommt etwas Neues
14 Fuchs	Nach der Blockade kommt etwas Falsches, Blockaden sind falsch

15 Bär	Blockade kann mit Stärke überwunden werden
16 Sterne	Blockade löst sich durch esoterisches Wissen, Skiurlaub
17 Störche	Blockade löst sich durch Veränderungen
18 Hund	Ein Freund hilft bei der Beseitigung der Blockade, sich selbst treu bleiben, um eine Blockade zu überwinden
19 Turm	Blockade ist sehr stabil und geht tief in die Seele hinein
20 Park	Blockade wird öffentlich geklärt
22 Wege	Blockade löst Entscheidungen aus
23 Mäuse	Blockade wird in kleinen Schritten „abgenagt"
24 Herz	Der Blockade mit Liebe begegnen
25 Ring	Durch eine Blockade läuft etwas oder jemand im Kreis
26 Buch	Unbewusste Blockaden
27 Brief	Blockade ist oberflächlich, Blockade löst sich durch einen Brief

28 Mann	Blockade wird von einem Mann nicht gelöst (Hauptperson bei männlichem Fragesteller)
29 Frau	Blockade wird durch eine Frau gelöst (Hauptperson bei weiblicher Fragestellerin)
30 Lilien	Blockade löst sich durch die Familie
31 Sonne	Nach der Blockade verspürt man viel Lebensenergie
32 Mond	Nach der Blockade kommt der Erfolg
33 Schlüssel	Blockade ist sicher
34 Fische	Blockade durch Geld lösen
35 Anker	Blockade bleibt, da sie sich verankert hat
36 Kreuz	Blockade wird sich schicksalhaft lösen

21.3 Allgemeine Informationen zum Berg

Sternzeichen	Steinbock: Pflicht, streben, Standhaftigkeit
Zeitwert	Entscheidet man selbst, im Augenblick passiert hier nichts
Person	Blockiert, stark, zielstrebig
Spiritstone	Labradorit
Landschaft	Gebirge, Schweiz
Chakra	Herzchakra
Gegenstand	Stein
Skatkarte	Kreuz 8 – Kurze Leidenschaft, alles ist schwer

21.4 Die Bergmudra

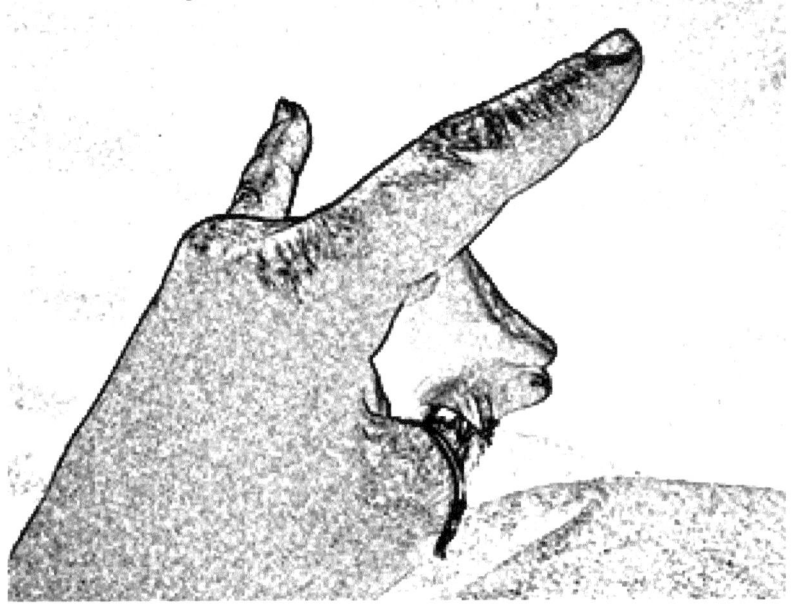

Die Bergmudra
Daumen, Zeige- und Ringfinger treffen sich an den Kuppen. Kleiner Finger und Zeigefinger bleiben gestreckt.

21.5 Deutungsgeheimnis

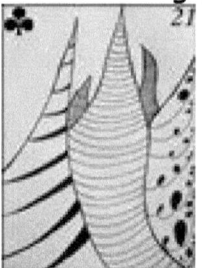

Ereignisse, die in Form von Karten vor dem Berg liegen, sind blockiert. Hier ist viel Arbeit angesagt, um diese Blockaden zu überwinden. Wird aufgegeben oder gar ein Umweg gesucht, so wird das nicht klappen. Auch hier werden sich dann Blockaden aufstellen.

22.1 Wege

Entscheidungen fordert diese Karte. Welchen Weg soll man gehen? Kann man sich aussuchen, was genehm ist? Ja!

Hier fragt man, was man erreichen will. Was ist die Zielsetzung? Vielleicht findet man hier auch spirituell einen neuen Weg.

Wege kann man begehen, man kann umkehren, neue Wege entdecken, die Chancen darin sind riesig. Sich bewegen, das kann man nur selbst tun.

Wichtig ist: Ich entscheide mich!

Doch hier ist Sorgfalt gefragt. Vorschnelle Entschlüsse bereut man schnell. Man geht unter Umständen Kompromisse ein, die man nicht eingehen will.

22.2 Kombinationen Wege mit

1 Reiter	Entscheidungen kommen schnell
2 Klee	Entscheidungen bringen Glück
3 Schiff	Entscheidungen dauern, sich selbst bewegen
4 Haus	Entscheidungen haben Einfluss auf den privaten Bereich
5 Baum	Entscheidungen dauern sehr lange, bis zu fünf Jahre
6 Wolken	Entscheidungen führen erst noch ins Ungewisse
7 Schlange	Entscheidungen bringen Verwicklungen, Umwege
8 Sarg	Entscheidung schwer durchsetzbar
9 Blumen	Entscheidung positiv
10 Sense	Entscheidung plötzlich, man wird überrumpelt
11 Ruten	Entscheidung bringt Selbstzweifel
12 Vögel	Mehrere Entscheidungen
13 Kind	Entscheidung bringt Neues

14 Fuchs	Entscheidung falsch
15 Bär	Entscheidung macht stark, stärkt das Selbstvertrauen
16 Sterne	Entscheidung bringt Klarheit
17 Störche	Entscheidung sorgt für Veränderungen
18 Hund	Nach der Entscheidung sich treu bleiben
19 Turm	Einsame Entscheidung, niemand steht zu einem
20 Park	Entscheidung in der Öffentlichkeit verbreiten
21 Berg	Entscheidung blockiert, ist blockiert
23 Mäuse	Entscheidung bringt Kummer oder Verlust, findet nicht statt
24 Herz	Entscheidung für die Liebe
25 Ring	Entscheidung für einen Vertrag oder eine Bindung
26 Buch	Entscheidung führt ins Ungewisse
27 Brief	Entscheidung ist oberflächlich getroffen worden

28 Mann	Sternzeichen Waage, Mann trifft Entscheidung
29 Frau	Frau weiß nichts von der Entscheidung
30 Lilien	Entscheidung bringt Harmonie
31 Sonne	Entscheidung bringt Energie, macht fröhlich
32 Mond	Entscheidung ist Erfolg versprechend
33 Schlüssel	Entscheidung mit Sicherheit
34 Fische	Entscheidung bringt Geld
35 Anker	Entscheidung ist stabil, für den Job, bringt Arbeit
36 Kreuz	Entscheidung ist mühsam, eine Qual

22.3 Allgemeine Informationen zu den Wegen

Sternzeichen	Waage: schwankend, unentschlossen, zielstrebig
Person	Entscheidungsfreudig, arbeitet hart, unabhängig, Rätsellöser
Spiritstone	Granat
Körperteil	Blutbahn, Lymphe
Chakra	Nabelchakra
Kommunikation	Leitung, Kabel
Skatkarte	Karo Dame – Geschäftsfrau, Förderin

22.4 Die Wegmudra

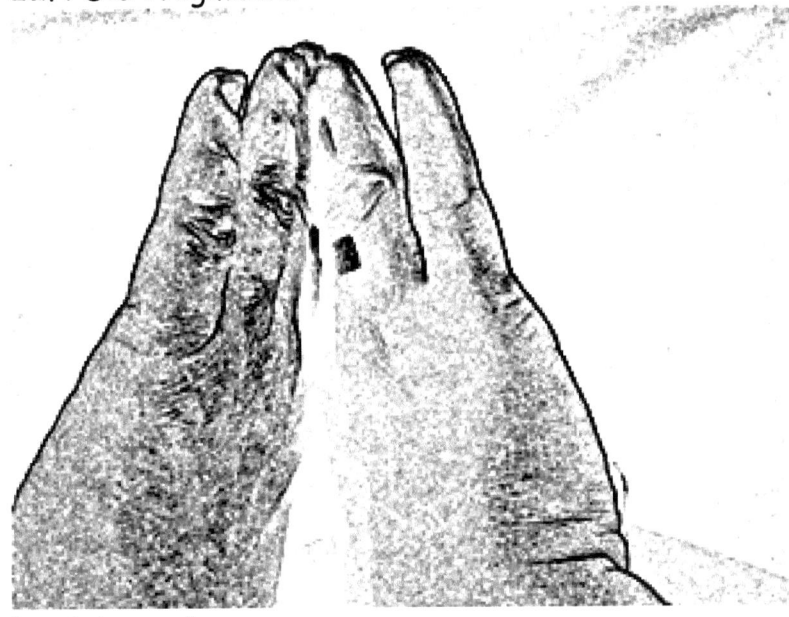

Die Wegmudra
Die Hände sind gestreckt und werden mit dem Handrücken aneinander gelegt.

22.5 Deutungsgeheimnis

Ereignisse, die in Form von Karten direkt unter den Wegen liegen, stagnieren, da hier Entscheidungen getroffen werden müssen.

23.1 Mäuse

Kleine Probleme oder Verluste, Schüchternheit, kleine Gewinne, hier kommt die Maus. Alles, was im Zeichen der Maus steht, ist klein. Da es hier im Überfluss gibt, kann man einen kleinen Verlust durchaus verschmerzen.

Denn da, wo Mäuse sind, gibt es reichlich Futter.

Das Unscheinbare hat die Macht. Verlustängste sind meist größer als ein tatsächlicher Verlust.

Mäuse können großen Schaden anrichten, wenn man sie nicht beachtet.

Intrigen und Selbstbetrug sind häufiger die Begleiter der Mäuse.

Wo sollte ich aufpassen? Was kann ich besser kontrollieren?

23.2 Kombinationen Mäuse mit

1 Reiter	Nachricht ist nicht gut
2 Klee	Verluste sind nur kurzfristig
3 Schiff	Nach Verlust geht es nur langsam weiter
4 Haus	Haus hat keinen Wert
5 Baum	Verluste dauern an, gehen an die Substanz
6 Wolken	Größe des Verlustes noch nicht abschätzbar
7 Schlange	Verluste bringen Verwicklungen
8 Sarg	Endgültiger Verlust
9 Blumen	Verlust hat etwas Gutes, wollte man loswerden
10 Sense	Verlust kommt ganz plötzlich
11 Ruten	Selbstzweifel durch Verluste
12 Vögel	Verluste bringen Streit, viele Verluste
13 Kind	Kleine Verluste
14 Fuchs	Verlust durch Lügen
15 Bär	Verlust macht stark

16 Sterne	Vorsicht bei dieser Form von Esoterik, vor einem Wunsch vorsichtig sein
17 Störche	Verlust bringt Veränderung
18 Hund	Freund hat Verluste zu beklagen
19 Turm	Verlust macht einsam
20 Park	Schlechte Gesellschaft
21 Berg	Verluste blockieren
22 Wege	Nicht die richtige Zeit für Entscheidungen
24 Herz	Liebe ist es nicht wert
25 Ring	Verlust macht orientierungslos
26 Buch	Verlust noch nicht deutlich
27 Brief	Schlechte Nachrichten
28 Mann	Mann hat Kummer
29 Frau	Frau bemerkt den Verlust nicht oder er liegt hinter ihr
30 Lilien	Schwierige familiäre Verhältnisse
31 Sonne	Energiefluss ist gebremst
32 Mond	Schlechte Gefühle

33 Schlüssel	Verluste drohen mit Sicherheit
34 Fische	Kein gutes Gefühl bei den Finanzen
35 Anker	Verluste halten sich
36 Kreuz	Verluste karmisch bedingt

23.3 Allgemeine Informationen zu den Mäusen

Haus	Erstes Haus: Schutz, Wärme, Geborgenheit
Person	„Graues Mäuschen", geringer Selbstwert, unscheinbar, unterschätzt, Feigling, Schmarotzer
Spiritstone	Achat
Tier	Nagetiere, kleine Tiere
Chakra	Nabelchakra
Skatkarte	Kreuz 7 – Wende zum Besseren, Eifersucht

23.4 Die Mäusemudra

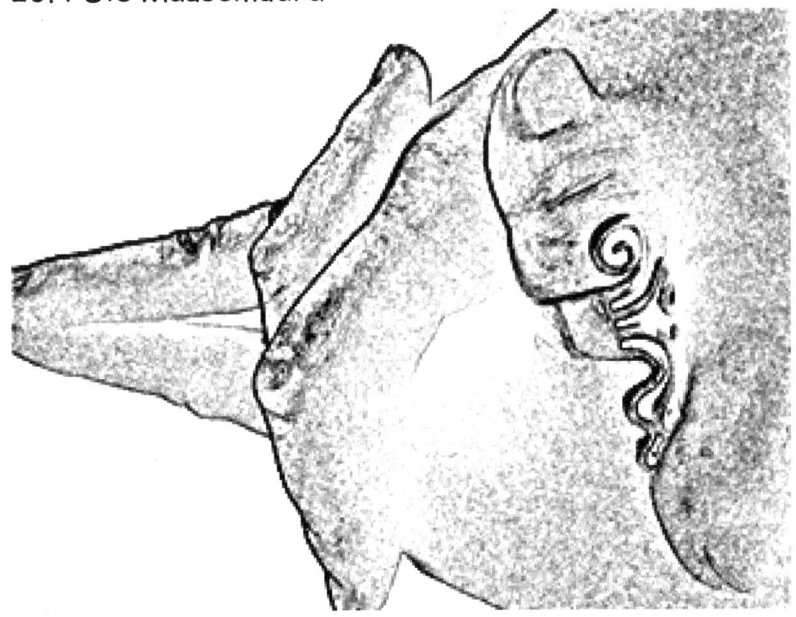

Die Mäusemudra
Die Hände falten. Dabei bleiben die Mittelfinger gestreckt und werden aneinander gelegt.

23.5 Deutungsgeheimnis

Die Mäuse sind häufig schwer zu deuten, da nicht eindeutig bestimmt werden kann, in welche Richtung die Maus schaut. Sie können einfach bestimmen, wie es bei ihrem Kartendeck sein soll. Ich mache es so: Die Karten, die vor den Mäusen liegen, gehen in den Verlust und das, was nach der Karte der Mäuse liegt, ist oft nicht mehr zu beachten, da es Müll ist. Das, was über den Mäusen liegt, ist ein Gewinn.
Verlustängste sind meist größer als ein tatsächlicher Verlust.

24.1 Herz

Woran das Herz hängt… Das Herz ist der zentrale Sitz unserer Emotionen. Hier brauchen wir Sicherheit und Harmonie.

Der Efeu, dessen Blatt das Symbol für das Herz ist, ist eine sehr langlebige Pflanze. Jeder Mensch wünscht sich bisweilen eine langlebige, erfüllende Liebe.

Efeu ist allerdings giftig. Was für manche Liebe auch gilt. Sobald etwas verletzt, hat es nichts mehr mit Liebe im herkömmlichen Sinn zu tun. Hier gilt, eine Überprüfung ist fällig.

Wo man sich beHERZt einsetzt, da läuft es gut, es geht einem leicht von der Hand.

Woran hängt mein Herz?

24.2 Kombinationen Herz mit

1 Reiter	Liebe kommt schnell
2 Klee	Liebe kommt kurzfristig
3 Schiff	Liebe kommt in Verbindung mit einer Reise
4 Haus	Liebevolles Heim
5 Baum	Liebe verwurzelt sich, wächst
6 Wolken	Unklarheiten in der Liebe
7 Schlange	Geliebte bedeutet mehr
8 Sarg	Liebe kränkelt
9 Blumen	Verlobung
10 Sense	Liebe kommt plötzlich
11 Ruten	Gespräche über die Gefühle
12 Vögel	Schmetterlinge im Bauch, verliebt sein
13 Kind	Frische Liebe
14 Fuchs	Etwas Falsches in der Liebe
15 Bär	Eifersucht
16 Sterne	Liebe wird bewusst
17 Störche	Liebe verändert sich

18	Hund	Treue
19	Turm	Trennung
20	Park	Liebe wird öffentlich gemacht
21	Berg	Blockaden in der Liebe
22	Wege	Entscheidung für die Liebe
23	Mäuse	Liebeskummer
25	Ring	In Liebe verbunden
26	Buch	Geheime Gefühle
27	Brief	Liebe ist oberflächlich
28	Mann	Mann sieht die Liebe nicht
29	Frau	Frau ist verliebt
30	Lilien	Liebe und Sex
31	Sonne	Liebe mit viel Energie
32	Mond	Liebe mit viel Gefühl
33	Schlüssel	Liebe ist sicher
34	Fische	Tiefe Liebe, Liebe zum Geld
35	Anker	Liebe hält fest
36	Kreuz	Liebe ist sehr belastet

24.3 Allgemeine Informationen zum Herz

Haus	7. Haus: Umwelt, Vorstellung des Partners, Aufmerksamkeit
Person	Herzlich, liebevoll, verbunden, blonder, junger Mann, mollig
Spiritstone	Rosenquarz
Körperteil	Herz
Chakra	Herzchakra
Gegenstand	Herz, Efeu
Skatkarte	Herz Bube - Glückskind

24.4 Die Herzmudra

Die Herzmudra
Die Zeigefinger beider Hände werden in die Handflächen geknickt. Darüber treffen sich die Kuppen von Daumen, Mittel- und Ringfinger.

24.5 Deutungsgeheimnis

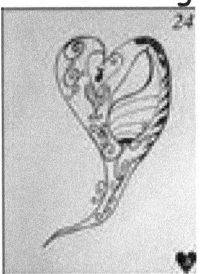

Einerseits sind hier Gefühle gemeint. Andererseits darf man nicht außer Acht lassen, dass auch das Organ gemeint sein kann. Also bei der Deutung darauf achten, auf welcher Position sich der Baum und der Sarg befinden. In direkter Umgebung der Karte Herz kann es sich auch um eine Lebensliebe handeln.

25.1 Ring

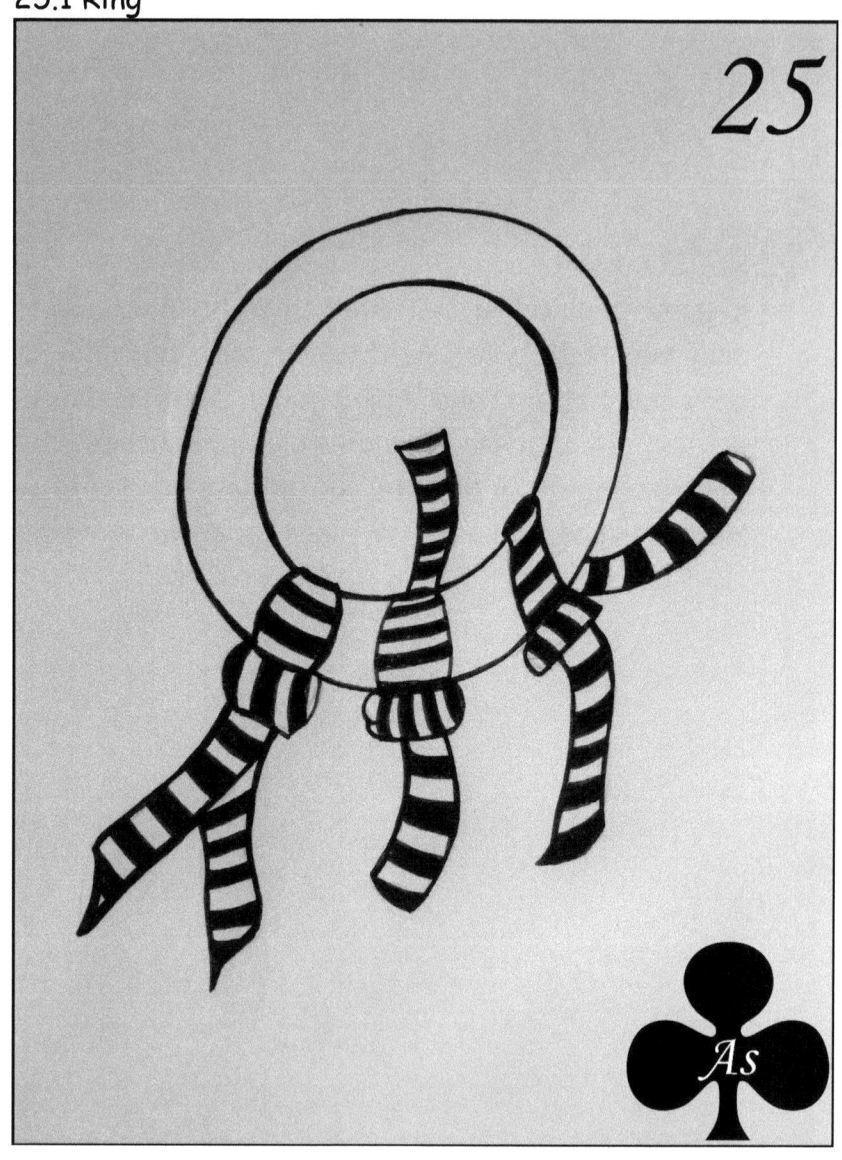

Unendlichkeit, Verbundenheit, Beziehungen, Verträge und auch eine Legalisierung sind mit dem Symbol des Ringes verknüpft.

Die Sehnsucht nach Kontinuität und Sicherheit liegen den meisten Menschen im Blut. Da muss Vieles das amtliche Siegel bekommen.

Ein Ring kann ebenso Schmuck sein, der gerne getragen wird. Auch besondere Stellungen verkündet der Ring. Siegelringe von Königen und Päpsten waren schon immer besonders und zeichneten den Träger aus.

Über 21.000 Jahre gibt es den Ring bereits, eine erfolgreiche Geschichte.

Woran binde ich mich? Freiwillig? Oder doch gezwungen?

25.2 Kombinationen Ring mit

1 Reiter	Ein Vertrag kommt
2 Klee	Bindung innerhalb von vier Wochen
3 Schiff	Reisevertrag
4 Haus	Mietvertrag, Kaufvertrag
5 Baum	Krankenkasse
6 Wolken	Bindung ist unklar
7 Schlange	Verwicklungen wegen Vertrag
8 Sarg	Vertrag kommt nicht zustande
9 Blumen	Überraschender Vertrag
10 Sense	Vertrag kommt plötzlich
11 Ruten	Zweifel wegen Vertrag
12 Vögel	Mehrere Verträge
13 Kind	Vertrag bringt Neues
14 Fuchs	Falscher Vertrag, Betrug
15 Bär	Vertrag über einen Anwalt oder Notar
16 Sterne	Bindung an Esoterik
17 Störche	Vertrag wird noch verändert

18 Hund	Freundschaft
19 Turm	Kündigung
20 Park	Vertrag mit einer öffentlichen Stelle
21 Berg	Vertrag kommt noch nicht zustande
22 Wege	Vertrag bringt Entscheidungen mit sich
23 Mäuse	Vertrag kommt nicht
24 Herz	Ehe
26 Buch	Vertrag noch nicht bekannt
27 Brief	Post zu einem Vertrag
28 Mann	Mann ist sich der Bindung nicht bewusst
29 Frau	Frau ist gebunden
30 Lilien	Verbindung zur Familie
31 Sonne	Verbindung gibt Energie
32 Mond	Verbindung bringt Erfolg
33 Schlüssel	Vertrag kommt sicher
34 Fische	Vertrag bringt Geld ein

35 Anker   Arbeitsvertrag
36 Kreuz   Belastete Verbindung löst sich

25.3 Allgemeine Informationen zum Ring

Sternzeichen	Stier: Stabilität, Gebundenheit, Status
Zeitwert	Sieben Jahre, eine Periode, Wiederholungen
Person	Gebunden, sicher
Fortbewegungsmittel	Rad
Spiritstone	Rubin
Chakra	Wurzelchakra
Gegenstand	Ring, Schmuck
Kommunikation	in geschlossener Gesellschaft
Skatkarte	Kreuz As – Gewinn, Kraft

25.4 Die Ringmudra

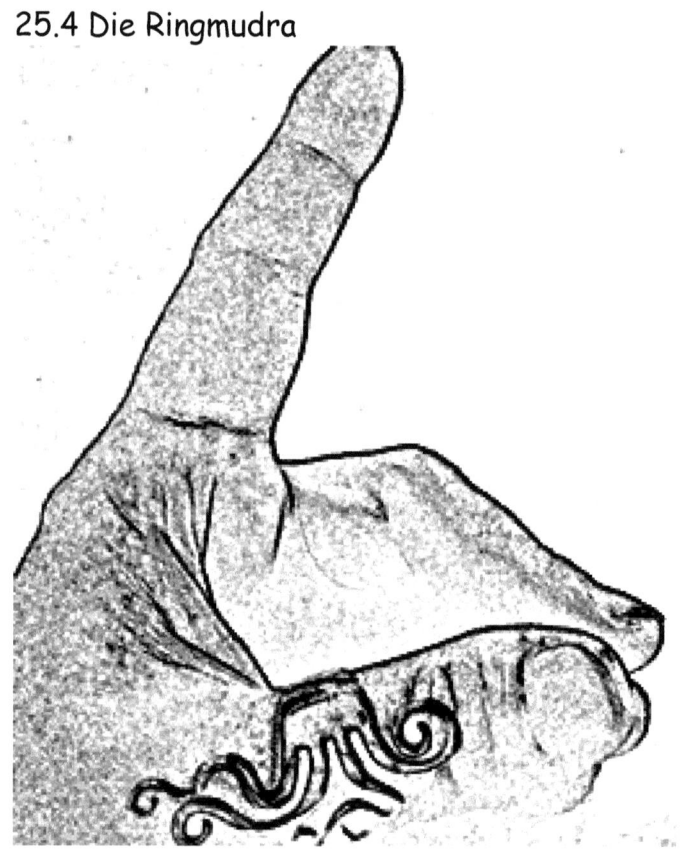

Die Ringmudra
Alle Fingerkuppen der linken Hand treffen sich. Der Ringfinger bleibt gestreckt.

25.5 Deutungsgeheimnis

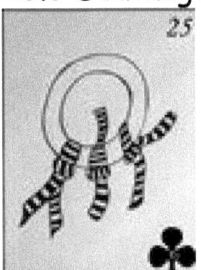

Ist der Ring von Karten mit eher negativen Deutungsmöglichkeiten umgeben, dreht sich etwas im Kreis. Diese Gegebenheit muss nicht zwangsläufig etwas mit Beziehungen zu tun haben, sondern können auf beengte Lebensumstände deuten.

26.1 Buch

Das Buch steht für Geheimnisse und das Unterbewusste. Auch Wissen zählt hier, Neues lernen.

Bücher waren in früherer Zeit stets wertvolle Handarbeit, längst nicht für jeden zugänglich.

Das eigene Lebensbuch steht für die Erfahrungen, die ein Mensch im Laufe seines Lebens macht.

Bücher dienen ebenso der Unterhaltung: kurzweilig, witzig, ernst, aufwühlend, wertvoll.

Was möchte ich lernen? Was möchte ich lieber für mich behalten? Was darf ich sagen?

26.2 Kombinationen zum Buch

1 Reiter	Geheimnis lüftet sich schnell
2 Klee	Geheimnis lüftet sich innerhalb von vier Wochen
3 Schiff	Geheimnis deckt man selbst auf, wenn man handelt
4 Haus	Geheimnis im persönlichen Bereich lüftet sich
5 Baum	Geheimnis existiert schon sehr lange
6 Wolken	Geheimnis löst Unklarheiten aus, viele Dinge sind unausgesprochen
7 Schlange	Geheimnis sorgt für Komplikationen
8 Sarg	Geheimnis beendet etwas oder wird beendet
9 Blumen	Geheimnis ist wie ein Geschenk, wenn es sich löst
10 Sense	Geheimnis wird plötzlich gelüftet, Schock
11 Ruten	Geheimnis löst Zweifel aus

12 Vögel	Mobbing, hinter dem Rücken Anderer reden
13 Kind	Geheimnis ist neu
14 Fuchs	Lügen heimlich verbreiten, wird offenbart
15 Bär	Geheimnis durch Charakterstärke lösen
16 Sterne	Geheimnis in der Esoterik
17 Störche	Geheimnis verändert etwas
18 Hund	Geheimnis in einer Freundschaft
19 Turm	Geheimnis macht einsam, man kann mit niemandem sprechen
20 Park	Geheimnis wird öffentlich gemacht
21 Berg	Geheimnis blockiert etwas oder jemanden
22 Wege	Geheimnis führt zu Entscheidungen
23 Mäuse	Geheimnis macht Kummer
24 Herz	Liebe wird gestanden
25 Ring	Beziehung wird öffentlich

27 Brief	Geheimnis ist oberflächlich, dahinter verbirgt sich mehr
28 Mann	Geheimnisse über einen Mann
29 Frau	Frau ist geheimnisvoll
30 Lilien	Familienverhältnisse werden öffentlich, eine Affäre wird aufgedeckt
31 Sonne	Geheimnis setzt Energie frei
32 Mond	Geheimnis führt zum Erfolg
33 Schlüssel	Geheimnis löst sich sicher
34 Fische	Geheimnis um Geld löst sich
35 Anker	Geheimnis um einen Job löst sich
36 Kreuz	Geheimnis ist eine schwere Belastung

26.3 Allgemeine Informationen zum Buch

Sternzeichen	Fische: Unterbewusstsein, Verschwiegenheit, verborgen
Person	Verschwiegen, wissend, gebildet, mysteriöse Aura
Spiritstone	Amethyst
Heilmittel	Meditationen
Chakra	Scheitelchakra
Gegenstand	Buch
Kommunikation	geschriebenes Wort
Skatkarte	Karo 10 – Beginn, Vorteile

26.4 Die Buchmudra

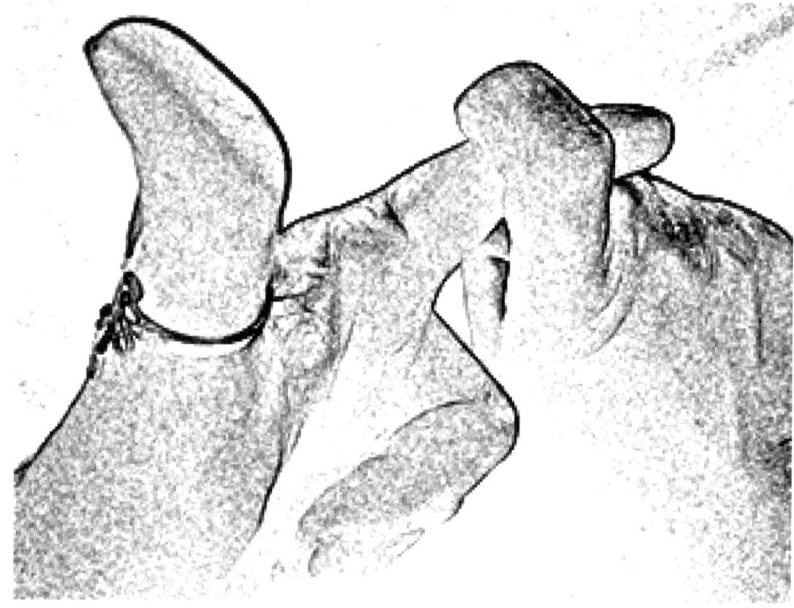

Die Buchmudra
Der Zeigefinger der rechten Hand legt sich um den Zeigefinger der linken Hand. Der Daumen bleibt gestreckt, die restlichen Finger sind gekrümmt.

26.5 Deutungsgeheimnis

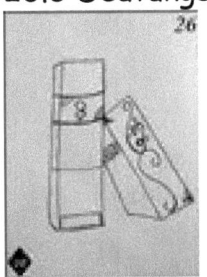

In einigen Kartendecks ist das Buch liegend mit Sicht auf den Buchdeckel abgebildet. Alle Karten, die neben dem Buchrücken liegen, tragen noch Geheimnisse und Unwägbarkeiten in sich. Alle Karten, die neben der Schnittkante liegen, sind bereits in allen Tiefen offenbart.

27.1 Brief

Kommunikation und die Auseinandersetzung mit anderen Menschen sind Themen des Briefes. Selbsterkenntnis kann ebenso gemeint sein.

Auch Rechnungen, Ausweispapiere und Nachrichten werden gedeutet.

Der Brief kann für die Oberflächlichkeit stehen, da er Tiefe nicht zulässt. Oft kommt der Brief völlig unerwartet in das Leben des Ratsuchenden.

In früherer Zeit waren Briefe das einzige Kommunikationsmittel über längere Distanzen hinweg. Entsprechend lange dauerte die Zustellung. Heute wird der Brief langsam durch Emails ersetzt.

Was will mir die Nachricht sagen? Worauf soll ich mich konzentrieren?

27.2 Kombinationen Brief mit

1 Reiter	SMS, schnelle elektronische Post
2 Klee	Brief kommt innerhalb von vier Wochen
3 Schiff	Brief lässt auf sich warten
4 Haus	Brief betrifft das eigene Heim, Mietvertrag
5 Baum	Brief betrifft die Gesundheit, Befund
6 Wolken	Brief lässt viele Fragen offen
7 Schlange	Nachricht kommt auf Umwegen, Post von einer älteren Frau
8 Sarg	Nachricht über eine Beendigung
9 Blumen	Einladung
10 Sense	Brief ist schnell da
11 Ruten	Brief löst Zweifel aus
12 Vögel	Brief macht nervös
13 Kind	Neue Nachrichten
14 Fuchs	Brief ist unwahr
15 Bär	Brief von einer Amtsperson, männlich

16 Sterne	Brief bringt Klarheit
17 Störche	Brief sorgt für Veränderungen
18 Hund	Brief von einem Freund
19 Turm	Brief aus dem Ausland, schriftliche Trennung
20 Park	Brief kommt von einer öffentlichen Stelle
21 Berg	Brief kommt nicht an
22 Wege	Brief fordert Entscheidungen
23 Mäuse	Brief macht Kummer
24 Herz	Liebesbrief
25 Ring	Nachricht über Vertrag
26 Buch	Mit dieser Nachricht rechnet man nicht
28 Mann	Mann ist oberflächlich
29 Frau	Frau wartet auf eine Nachricht
30 Lilien	Post zur Familie, Nachricht betrifft Familie
31 Sonne	Nachricht bringt viel Energie
32 Mond	Nachricht löst Gefühle aus

33 Schlüssel	Nachricht kommt sicher
34 Fische	Rechnung
35 Anker	Nachricht wegen Job
36 Kreuz	Nachricht macht krank, sehr belastend

27.3 Allgemeine Informationen zum Brief

Haus	Erstes Haus: Raumgreifung, Kontakt, Bewegung
Zeitwert	Sieben Tage
Person	oberflächlich, kommunikativ
Spiritstone	Apatit
Chakra	Halschakra
Gegenstand	Briefe, Papiere
Kommunikation	Schriftlich
Skatkarte	Pik 7 – Fehlschlag, stabil sein

27.4 Die Briefmudra

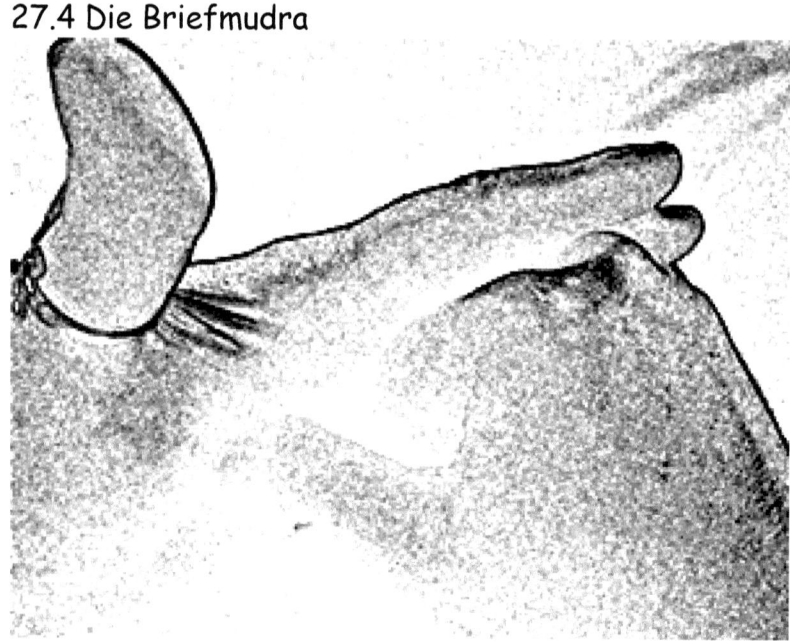

Die Briefmudra
Die geballte rechte Faust liegt in der gestreckten linken Hand.

27.5 Deutungsgeheimnis

Der Brief kann nicht nur auf Nachrichten hindeuten. Er kann auch meinen, dass in bestimmten Situationen sehr viele Oberflächlichkeiten bestehen. In einer zerstrittenen Beziehung zum Beispiel ist eher nicht mit einer Liebeserklärung zu rechnen. Hier ist es wichtig, auch immer das Umfeld der Karte genauer anzusehen.

28.1 Mann

Entweder steht diese Karte für die Hauptperson, wenn der Frager männlich ist oder er ist der Mann, über den die weibliche Fragestellerin sich die meisten Gedanken macht.

Auch männliche Anteile, das Yang in der Psyche können das Thema sein. Größe und Stärke, Durchsetzungskraft, die männlichen Attribute sind gemeint.

Der Vater ist hier nicht gemeint, da dieser nicht soviel Raum einnehmen wird.

Sind meine männlichen Anteile ausgeglichen? Sollte ich mich besser behaupten?

28.2 Kombinationen zum Mann

1 Reiter	Mann mit Sohn, jüngerem Mann
2 Klee	Mann hat Glück
3 Schiff	Mann ist unterwegs, Reise
4 Haus	Mann fühlt sich wohl in seiner Haut
5 Baum	Mann ist gesund, beschäftigt sich gerade mit seiner Gesundheit
6 Wolken	Mann hat ein Suchtproblem, Depressionen
7 Schlange	Mann hat eine Geliebte, steckt in Schwierigkeiten
8 Sarg	Mann ist krank
9 Blumen	Mann mit Tochter, jüngerer Freundin
10 Sense	Mann ist sehr spontan
11 Ruten	Mann ist mitteilsam
12 Vögel	Mann ist nervös, zwei Männer
13 Kind	Mann ist jungenhaft, verspielt, naiv
14 Fuchs	Mann lügt

15 Bär	Mann ist älter, stabil, eigener Wille
16 Sterne	Mann ist esoterisch begabt
17 Störche	Mann steckt gerade in Veränderungen
18 Hund	Mann ist treu
19 Turm	Mann ist einsam, alleine
20 Park	Mann ist extrovertiert, steht vor einem Treffen
21 Berg	Mann ist blockiert
22 Wege	Mann muss sich entscheiden, sucht sein Gleichgewicht
23 Mäuse	Mann hat Kummer
24 Herz	Mann ist verliebt
25 Ring	Mann ist gebunden
26 Buch	Mann hat ein Geheimnis, man kennt ihn noch nicht
27 Brief	Mann wartet auf Antwort
29 Frau	Mann beschäftigt sich gerade mit einer Frau
30 Lilien	Mann ist familiär

31 Sonne	Mann ist energiegeladen, motiviert
32 Mond	Mann ist gefühlvoll
33 Schlüssel	Mann ist selbstsicher
34 Fische	Mann hat Geld
35 Anker	Mann arbeitet gerne und viel
36 Kreuz	Mann ist schwer belastet

28.3 Allgemeine Informationen zum Mann

Planet	Mars: Kampf, Widerstand, Abwehr
Person	Hauptperson bei männlichem Fragesteller, sonst Partner
Spiritstone	Bronzit
Chakra	Stirnchakra
Skatkarte	Herz As – Ziel, Erfolg

28.4 Die Männermudra

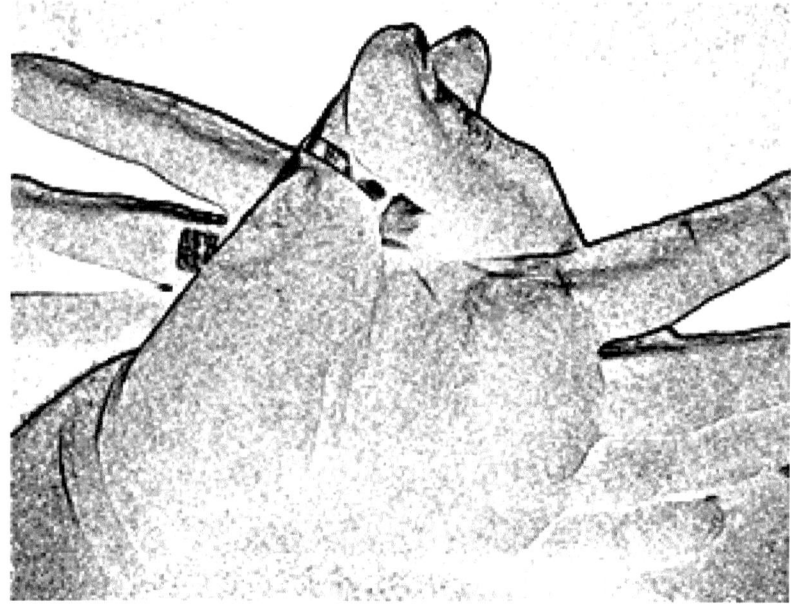

Die Männermudra
Beide Hände ausgestreckt, liegen sie mit dem Handrücken aneinander. Die beiden Daumen verhaken sich.

28.5 Deutungsgeheimnis

Ist auf lange Sicht kein Partner in Sicht, so kann die Karte darauf deuten, dass etwas zwischen der inneren Männlichkeit und der eigenen inneren Weiblichkeit im Ungleichgewicht ist. Eine der beiden Seiten hat dann die Oberhand gewonnen und verhindert so eine Partnerschaft.

29.1 Frau

Entweder steht diese Karte für die Hauptperson, wenn die Fragestellerin weiblich ist oder sie ist die Frau, über die der männliche Fragesteller sich die meisten Gedanken macht.

Auch weibliche Anteile, das Yin in der Psyche können das Thema sein. Weichheit, Anschmiegsamkeit und Empfänglichkeit, die weiblichen Attribute sind gemeint.

Die Mutter ist hier nicht gemeint, da diese nicht soviel Raum einnehmen wird.

Sind meine weiblichen Anteile ausgeglichen? Sollte ich mich besser zurücknehmen?

29.2 Kombinationen Dame mit

1 Reiter	Frau beachtet Sohn oder jüngeren Freund wenig
2 Klee	Frau findet ihr Glück nicht
3 Schiff	Frau kommt von einer Reise
4 Haus	Frau dreht dem eigenen Heim den Rücken zu
5 Baum	Frau ignoriert ihre Gesundheit
6 Wolken	Frau ignoriert Unklarheiten
7 Schlange	Frau steckt im Zwiespalt, ignoriert diesen jedoch
8 Sarg	Frau ignoriert Krankheit
9 Blumen	Frau ignoriert Tochter, jüngere Freundin
10 Sense	Frau ignoriert die Gefahr
11 Ruten	Frau will nicht sprechen, unkommunikativ
12 Vögel	Frau ignoriert eigene Unruhe
13 Kind	Frau sieht eigene Naivität nicht

14 Fuchs	Frau wird belogen, falsche Frau
15 Bär	Frau ignoriert eigene Stärke
16 Sterne	Frau ignoriert eigene Spiritualität
17 Störche	Frau verweigert Veränderungen
18 Hund	Frau ignoriert Freund
19 Turm	Frau ignoriert Einsamkeit
20 Park	Frau ignoriert Kontaktanfragen von Außen
21 Berg	Frau ignoriert Blockaden
22 Wege	Frau ignoriert Entscheidungen
23 Mäuse	Frau ignoriert Verluste
24 Herz	Frau will nicht lieben
25 Ring	Frau will nicht gebunden sein
26 Buch	Frau kennt das Geheimnis nicht, ignoriert es
27 Brief	Frau will die Nachricht nicht
28 Mann	Frau ignoriert den Mann

30 Lilien	Frau ignoriert die Familie
31 Sonne	Frau ignoriert eigene Energie
32 Mond	Frau ignoriert eigene Gefühle
33 Schlüssel	Frau ignoriert Sicherheit
34 Fische	Frau ignoriert Finanzen
35 Anker	Frau ist faul
36 Kreuz	Frau ignoriert jede Belastung

29.3 Allgemeine Informationen zur Dame

Planet	Venus: Sinnlichkeit, Genuss, Beziehungsführung
Person	Hauptperson bei weiblichem Fragesteller, sonst Partnerin
Spiritstone	Bernstein
Chakra	Nabelchakra
Skatkarte	Pik As – Innere Stärke

29.4 Die Frauenmudra

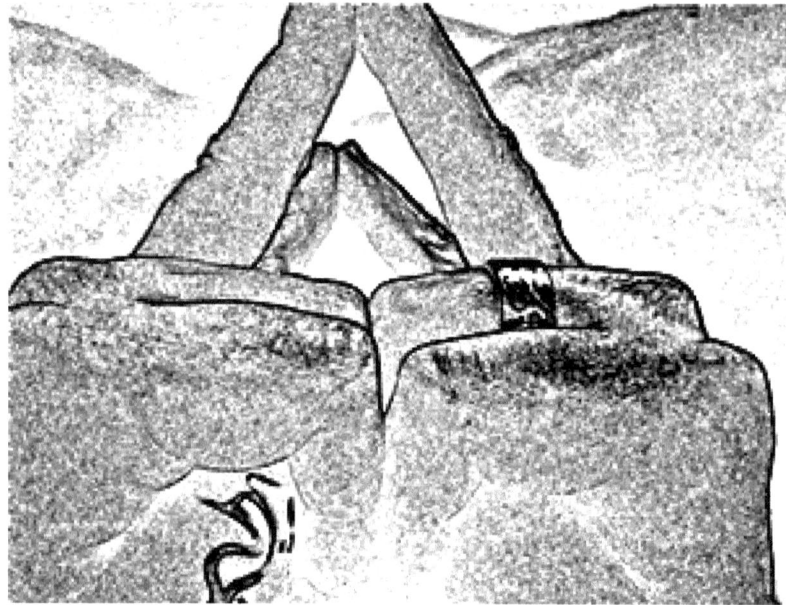

Die Frauenmudra

Die Daumen werden nach innen geknickt und von Zeige- und Mittelfinger umschlossen. Ringfinger und kleine Finger bleiben gestreckt und berühren sich an den Kuppen.

29.5 Deutungsgeheimnis

Ist auf lange Sicht keine Partnerin in Sicht, so kann die Karte darauf deuten, dass etwas zwischen der eigenen inneren Männlichkeit und der inneren Weiblichkeit im Ungleichgewicht ist. Eine der beiden Seiten hat dann die Oberhand gewonnen und verhindert so eine Partnerschaft.

30.1 Lilien

Die Lilie steht für Sexualität, Familie und Harmonie. Frieden und positive Gefühle stecken in dieser wundervollen Blüte.

Gerade in religiösen Zeremonien wird die Lilie als Symbol für die Spiritualität genutzt.

Die Blüte findet sich häufig in Wappen und symbolisiert königliche Familien.

Typische Familienmenschen finden sich unter dem Zeichen der Lilien. Unschuld, Reinheit und Freude, Lebenslust, die Feier des Lebens durch Sexualität, all das gibt die Lilie preis.

Wo bin ich sicher? Was macht meine Familie aus? Wo darf ich sein?

30.2 Kombinationen Lilie mit

1 Reiter	Familiärer Freund, jünger, Sohn
2 Klee	Familienglück
3 Schiff	Reise mit der Familie
4 Haus	Harmonie im Heim
5 Baum	Familie ist stark
6 Wolken	Familiäre Unklarheiten
7 Schlange	Verwicklungen in der Familie, familiäre Freundin, älter
8 Sarg	Stillstand in der Familie
9 Blumen	Tochter, freudiges Ereignis in der Familie, familiäre Freundin, jünger
10 Sense	Familie ist spontan
11 Ruten	Streit in der Familie
12 Vögel	Familie reagiert nervös
13 Kind	Neues in der Familie, Familie mit Kleinkind, Baby

14 Fuchs	Familiäre Lügen
15 Bär	Opa, älterer, familiärer Freund, Familie ist stark
16 Sterne	Familie ist klar, offen
17 Störche	Familiäre Veränderungen
18 Hund	Familie ist sich treu
19 Turm	Familie kapselt sich ab, Trennung
20 Park	Familie macht etwas öffentlich
21 Berg	Familie ist blockiert
22 Wege	Familie trifft Entscheidungen
23 Mäuse	Familie hat Kummer
24 Herz	Herzliche Familie
25 Ring	Familie ist sich sehr verbunden
26 Buch	Familiengeheimnisse, Affäre

27 Brief	Post von der Familie, Sex ist oberflächlich
28 Mann	Mann hat keine sexuelle Ausstrahlung
29 Frau	Frau hat Familie, denkt an Sex
31 Sonne	Fröhliche Familie
32 Mond	Emotionale Familie
33 Schlüssel	Familie gibt Sicherheit, mit Sicherheit Sex
34 Fische	Familiäres Geld
35 Anker	Familienunternehmen
36 Kreuz	Familie ist belastet, Karma

30.3 Allgemeine Informationen zur Lilie

Planet	Mond: Emotionen, fundamentale Bedürfnisse, Geborgenheit
Person	Familienorientiert, verbunden, sexuell, Polizist, sicher, Reife
Spiritstone	Mondstein
Körperteil	Geschlechtsorgane, Hormone
Jahreszeit	Winter
Chakra	Sakralchakra
Gegenstand	Lilie
Skatkarte	Pik König – Macht, Erfolg

30.4 Die Lilienmudra

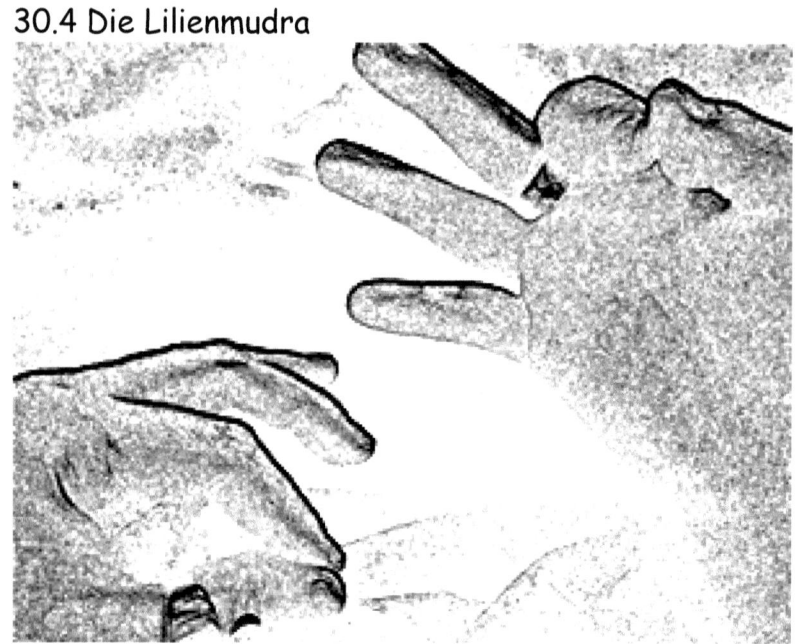

Die Lilienmudra
Daumen und Zeigefinger beider Hände berühren sich.
Die restlichen Finger bleiben gestreckt.

30.5 Deutungsgeheimnis

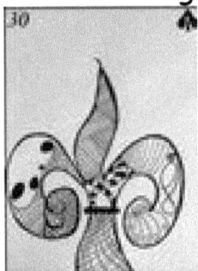

Die Lilie steht für eine Jahreszeit, den Winter. Wenn alles unter einer Schneedecke verborgen ist, dann beginnt die Lilie an Bedeutung zu gewinnen. Das sollte bei der Deutung nicht vergessen werden.

31.1 Sonne

Der Fixstern, der Leben schenkt. Energie- und Lichtquelle, mächtig und strahlend. Als männliches Prinzip ist sie der Mittelpunkt.

Die Sonne steht für Wärme und erhellende Gedanken. Sie macht Dinge deutlich, zerrt sie ans Licht.

Zu nah am Feuer der Sonne, verbrennt sich so mancher Mensch die Finger.

Optimistisch schaut man in die Zukunft. Sie liegt strahlend schön vor dem Menschen, der seine Wünsche wahr werden sieht.

Wohin gebe ich meine Energie? Wo investiere ich? Was zieht meine Energie unnötig ab?

31.2 Kombinationen Sonne mit

1 Reiter	Energie wird gebracht
2 Klee	Sehr positive Zeit
3 Schiff	Reise in den Süden
4 Haus	Haus mit Energie
5 Baum	Gesundheit ist positiv
6 Wolken	Energie wird gebremst, manisch-depressiv
7 Schlange	Energie kommt auf Umwegen, Stromkabel
8 Sarg	Dunkle Energie
9 Blumen	Freundin/Tochter ist positiv, Geschenk
10 Sense	Gewitter
11 Ruten	Energiegeladene Gespräche
12 Vögel	Viel Energie, große Nervosität
13 Kind	Sonniges Kind, fröhliches Gemüt
14 Fuchs	Energie ist falsch

15 Bär	Energie ist stark, Älterer Mann mit positiver Ausstrahlung
16 Sterne	Viel Energie durch Esoterik
17 Störche	Energievolle Änderungen
18 Hund	Energie bleibt treu
19 Turm	Energie ist gespeichert
20 Park	Energie kommt aus der Öffentlichkeit
21 Berg	Energie wird blockiert
22 Wege	Energie sucht sich Wege
23 Mäuse	Energieverlust
24 Herz	Energie für die Liebe
25 Ring	Gute Beziehungen
26 Buch	Energie ist nicht bekannt
27 Brief	Positive Nachrichten
28 Mann	Mann ignoriert positive Seiten
29 Frau	Frau ist positiv

30 Lilien	Energie für die Familie
32 Mond	Gefühle mit viel Energie, überschäumend
33 Schlüssel	Energie ist mit Sicherheit vorhanden
34 Fische	Optimist
35 Anker	Toller Job, Reiki
36 Kreuz	Energie ist karmisch belastet

31.3 Allgemeine Informationen zur Sonne

Sternzeichen	Löwe: Hochmut, Selbstbewusstsein, Egozentrik
Person	Energiegeladen, positiv, Optimist, Schauspieler
Spiritstone	Diamant
Körperteil	Sonnengeflecht
Landschaft	Südliche Länder, Spanien
Heilmittel	Reiki
Jahreszeit	Sommer
Chakra	Solarplexus
Gegenstand	Sonne, Ofen, Strom
Skatkarte	Karo As – Besitz, Dokumente

31.4 Die Sonnenmudra

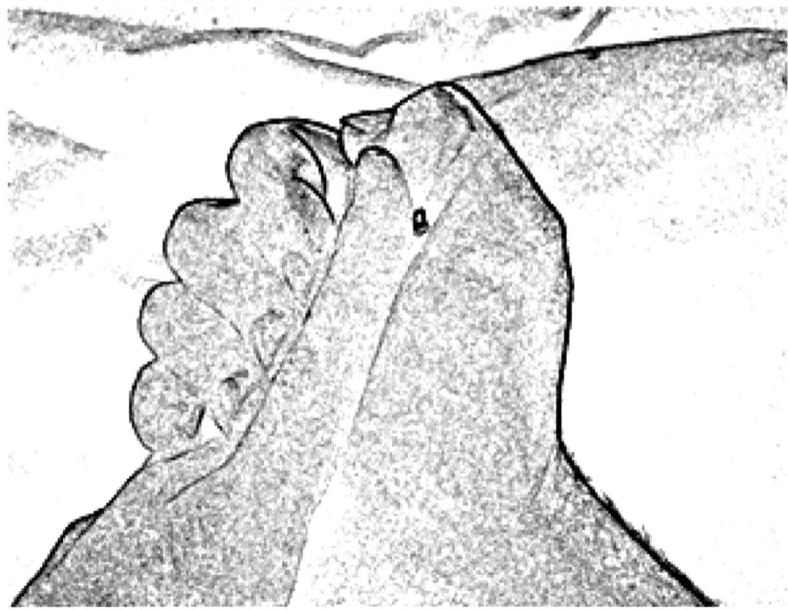

Die Sonnenmudra
Die rechte Hand umschließt die ausgestreckten Finger der linken Hand.

31.5 Deutungsgeheimnis

Die Sonne ist im Gegensatz zur Lilie eine eher „warme" Karte, steht sie doch für den Sommer. Allerdings ist die Energie, die die Sonne bringt, nicht zu unterschätzen. Sie birgt eine gewisse Gefahr, wenn man ihr zu nahe kommt.

32.1 Mond

Der Gegenspieler zur Sonne, weibliche Aspekte, das Versteckte, Mystische stellt der Mond dar.

Gefühle und Erfolg sind ein Thema, wenn der Mond in einer Legung eine Rolle spielt. Schattenseiten und Intuition finden sich ein. Auch Zyklen werden durch ihn gesteuert.

Sehnsucht, Liebe und Romantik glühen in seinem diffusen Licht auf.

Auf die eigenen Nerven und Gefühle sollte man mehr Rücksicht nehmen. Sonst droht Krankheit.

Wo verstecke ich meine Gefühle? Wann bin ich verletzbar? Was verletzt mich? Warum verletzt es mich?

32.2 Kombinationen Mond mit

1 Reiter	Gefühlvoller, junger Mann, erfolgreich
2 Klee	Kurzer Erfolg
3 Schiff	Erfolg dauert an
4 Haus	Gefühlvolles Innenleben
5 Baum	Gefühle sind beständig, Erfolg ist beständig
6 Wolken	Depressionen
7 Schlange	Erfolg durch eine Frau
8 Sarg	Erfolg findet nicht statt
9 Blumen	Erfolgreiche Freundin, Tochter, gefühlvoll
10 Sense	Gefühle oder Erfolg kommen plötzlich
11 Ruten	Zweifel an Erfolg oder an den Gefühlen
12 Vögel	Gespräche über Erfolg oder über Gefühle
13 Kind	Erfolgreiches oder gefühlvolles Kind

14 Fuchs	Erfolg ist nicht da, wird getäuscht
15 Bär	Älterer Mann hat Erfolg, ist gefühlvoll
16 Sterne	Erfolg mit der Esoterik
17 Störche	Gefühle verändern sich, Erfolg durch Veränderungen
18 Hund	Gefühlvoller, erfolgreicher Freund
19 Turm	Erfolg erlebt man alleine, Gefühle teilt man nicht mit
20 Park	Erfolg wird öffentlich
21 Berg	Erfolg oder Gefühle blockiert
22 Wege	Erfolg durch Innovation, Gefühle fordern Entscheidungen
23 Mäuse	Erfolg ist mit Kummer verbunden, Verlustängste
24 Herz	Erfolg liegt am Herzen
25 Ring	Guter Vertrag
26 Buch	Erfolg kennt man nicht, Gefühle unbekannt
27 Brief	Oberflächlicher Erfolg, Gefühle gehen nicht tiefer

28 Mann	Mann sieht eigene Erfolge nicht, unbewusste Gefühle
29 Frau	Frau ist erfolgreich, nimmt Gefühle wahr
30 Lilien	Gefühle in der Familie
31 Sonne	Viel Energie in Erfolg oder in die Gefühle gesetzt
33 Schlüssel	Erfolg ist sicher, Gefühle sind sicher
34 Fische	Finanzieller Erfolg, Gefühle gehen tiefer, als gedacht
35 Anker	Gefühle klammern, Job lässt einen nicht los
36 Kreuz	Gefühl, Erfolg belastet

32.3 Allgemeine Informationen zum Mond

Sternzeichen	Krebs: Rückzug, Vorsicht, Gefühlsduselei
Person	Gefühlvoll, mystisch, verschwiegen, erfolgreich, wenig geerdet
Spiritstone	Weißer Chalzedon
Körperteil	Hormonhaushalt
Heilmittel	Yoga
Chakra	Herzchakra
Gegenstand	Mond
Tageszeit	tiefste Nacht, Vollmond
Skatkarte	Herz 8 – Alles oder Nichts

32.4 Die Mondmudra

Die Mondmudra
Daumen, Ringfinger und kleiner Finger der linken Hand werden mit den Kuppen aneinander gelegt. Die restlichen Finger bleiben gestreckt.

32.5 Deutungsgeheimnis

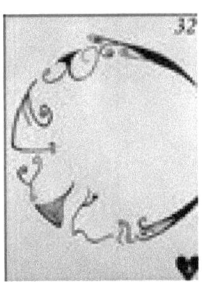

Der Mond ist oft unklar in seiner Deutung. Selten kommt der Mond in seiner vollen Kraft, als Vollmond, bei einer Deutung in Betracht. Der Mond lässt sich nicht so einfach entschlüsseln, da hier die eigenen Gefühle eine große Rolle spielen. Und diese sind oft diffus auf der nicht erleuchteten Seite des Mondes. Ist man sich dessen bewusst, kann man leichter mit ihm umgehen.

33.1 Schlüssel

Der Schlüssel zeigt die Selbstsicherheit. Er steht für das Öffnen von Geheimnissen, Büchern, trägt nach Außen.

Frische Gedanken, Lösungen und Zugänge zu verzwickten Situationen sind nicht weit entfernt. Der Schlüssel ist ein Phallussymbol, der das männliche Streben zeigt.

Auch Befreiung aus einem Gefängnis symbolisiert ein Schlüssel, er gibt nötige Sicherheit.

In der Legung ist der Schlüssel das Ausrufezeichen der vorher gelegten Karte. Das geschieht mit absoluter Sicherheit.

Wo bin ich sicher? Was kann ich für mehr Selbstsicherheit tun?

33.2 Kombinationen Schlüssel mit

1 Reiter	Nach einem Ereignis geht es weiter
2 Klee	Sicherheit nur kurzfristig
3 Schiff	Für Sicherheit muss man etwas tun, sich bewegen
4 Haus	Sicherheit im Haus
5 Baum	Sicherheit in gesundheitlichen Fragen
6 Wolken	Sicherheit ist verhüllt
7 Schlange	Sicherheit auf Umwegen
8 Sarg	Sicherheit wird bedroht
9 Blumen	Sicherheit wird positiv wahrgenommen
10 Sense	Sicherheit kommt plötzlich, Erkenntnisgewinn
11 Ruten	Sicherheit wird nervös beachtet
12 Vögel	Sicherheit wird besprochen
13 Kind	Sicherheit ist neu
14 Fuchs	Sicherheitsfehler
15 Bär	Selbstsicherheit

16 Sterne	Sicherheit durch esoterische Gedanken
17 Störche	Sicherheit verändert sich
18 Hund	Sicherheit ist treu
19 Turm	Sicherheit aufbauen
20 Park	Sicherheit in der Öffentlichkeit, Rhetorik
21 Berg	Sicherheit wird blockiert
22 Wege	Sicherheit fordert Entscheidungen
23 Mäuse	Sicherheit ist nicht gewährleistet
24 Herz	Sicherheit bedeutet viel
25 Ring	Alarmanlage
26 Buch	Sicherheit ist unbewusst
27 Brief	Sicherheit ist oberflächlich
28 Mann	Mann ist sich seiner selbst nicht sicher
29 Frau	Frau ist selbstsicher
30 Lilien	Sicherheit in der Familie finden
31 Sonne	Sicherheit ist voller Energie
32 Mond	Sicherheit ist der Erfolg

34 Fische   Sicherheit bringt Geld
35 Anker   Sicherheit bringt Job
36 Kreuz   Sicherheit ist belastet

33.3 Allgemeine Informationen zum Schüssel

Planet	Sonne: Energie, zentraler Wille, Lebenswille
Person	Selbstsicher, Rätsellöser, Entdecker, Detektiv, neugierig, zuverlässig
Spiritstone	Turmalin
Chakra	Herzchakra
Gegenstand	Schlüssel, Tresor
Skatkarte	Karo 8 – Chancen, Hilfe

33.4 Die Schlüsselmudra

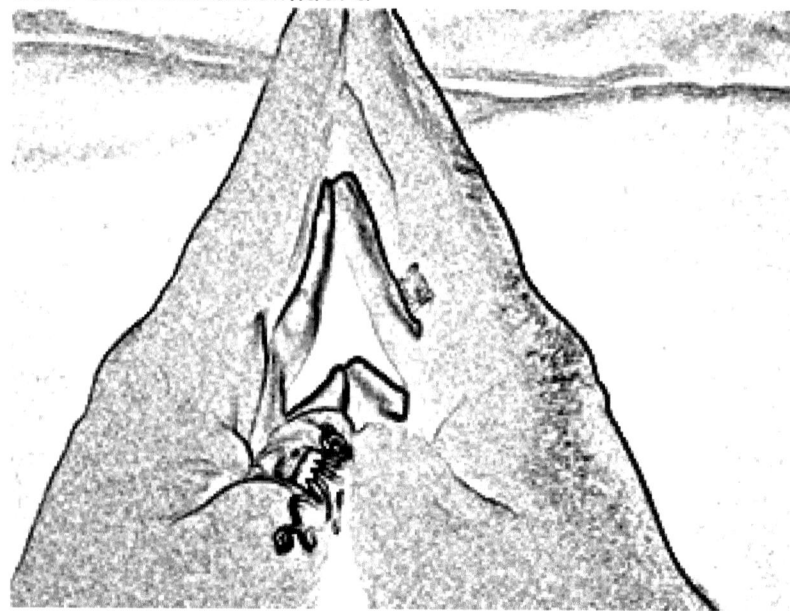

Die Schlüsselmudra
Die Daumen beider Hände werden zu den Handinnenflächen gebeugt. Die restlichen Finger bleiben gestreckt und treffen sich an den Kuppen.

33.5 Deutungsgeheimnis

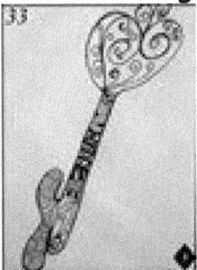

Dort, wo der Schlüsselbart hindeutet, wird sich das Geheimnis in Kürze entschlüsseln.

34.1 Fische

Wenn die Fische auftauchen, so geht es um Finanzen oder den Reichtum der eigenen Seele. Auch wenn sie in der Tiefe des undurchsichtigen Wassers verschwinden, da sind sie.

In der Symbolik der Kirche ist er das Erkennungszeichen der Christen. Früher wurde der Fisch als Geheimzeichen genutzt.

Fische sind munter, verstecken sich, wenn Gefahr von oben droht. Flink und wendig flitzen sie durch das Wasser.

Finanzielle Möglichkeiten sollten genau überprüft werden, bevor man sich auf das Wagnis einlässt.

Wo kann ich meinen Blick erweitern? Wo kann ich mehr aus meinen Finanzen machen?

34.2 Kombinationen Fisch mit

1	Reiter	Geld kommt
2	Klee	Kleiner Geldbetrag
3	Schiff	Geld ist unterwegs, dauert aber
4	Haus	Geld durch Heimarbeit
5	Baum	Geld in Gesundheit setzen
6	Wolken	Abhängigkeit
7	Schlange	Geld auf Umwegen
8	Sarg	Geld kommt nicht
9	Blumen	Geldgeschenk
10	Sense	Geld kommt plötzlich
11	Ruten	Gespräche über Geld
12	Vögel	Doppeltes Geld
13	Kind	Kindergeld
14	Fuchs	Geld ist falsch, durch Lüge erworben
15	Bär	Stabile Finanzen
16	Sterne	Finanzen sind klar
17	Störche	Geld durch Veränderungen

18 Hund	Geld ist treu
19 Turm	Bank
20 Park	Finanzamt
21 Berg	Geld kommt noch nicht
22 Wege	Geld fordert Entscheidungen
23 Mäuse	Geldverlust
24 Herz	Tiefe Liebe
25 Ring	Darlehen
26 Buch	Sparbuch
27 Brief	Überweisung
28 Mann	Mann sieht Geld nicht
29 Frau	Frau hat finanzielle Interesse/ist traurig
30 Lilien	Geld kommt in die Familie
31 Sonne	Geldgewinn
32 Mond	Erfolg
33 Schlüssel	Geld kommt sicher
35 Anker	Geld wird erarbeitet, Seelenarbeit
36 Kreuz	Geld ist belastet, Trauer

34.3 Allgemeine Informationen zu den Fischen

Sternzeichen	Zwilling: Dualität, Lebendigkeit, Eifer
Person	Seelisch ausgeglichen, tiefsinnig, Psychologe, selbstbewusst, groß, blond
Spiritstone	Aquamarin
Tier	Fisch
Chakra	Stirnchakra
Gegenstand	Fisch
Skatkarte	Karo König – Geschäfte, Begierden

34.4 Die Fischmudra

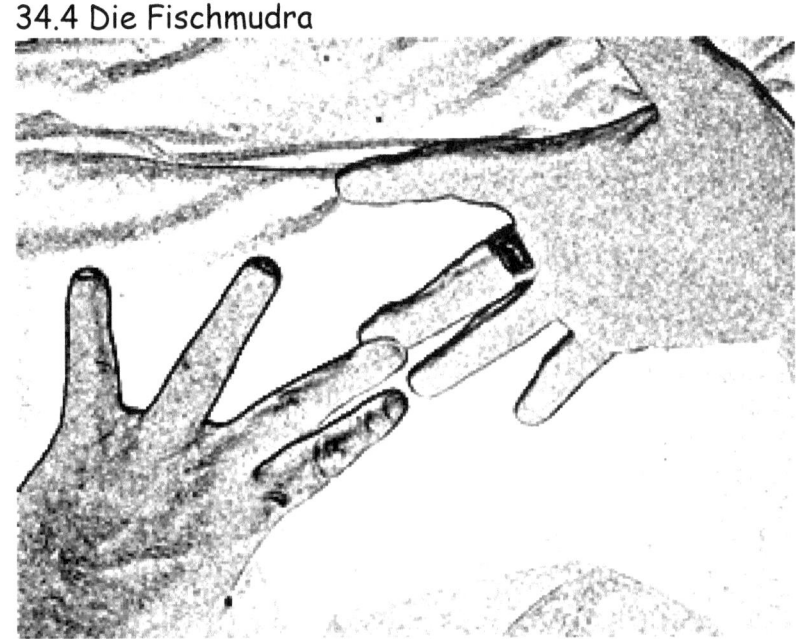

Die Fischmudra
Beide Hände werden gegeneinander gedreht. Die Kuppen der Mittelfinger werden aneinander gelegt.

34.5 Deutungsgeheimnis

Bei den Fischen sollte man bedenken, dass sie im Wasser leben. Wasser verzerrt schnell und es ist nicht immer gesagt, dass mit schnellem Geld zu rechnen ist.

35.1 Anker

Der Anker steht für die Arbeitswelt, woran man hängt, praktisch verankert ist. Der Anker hält fest, auch bei Unruhe auf dem Lebensmeer. Manchmal auch zu fest.

Er ist ein Attribut Neptuns, dem Gott des Meeres. Bei den Christen zeigt der Anker die Verwurzelung in Gott, dem eigenen Glauben.

Der Anker lässt so schnell nicht los, was nicht unbedingt von Vorteil sein kann. Manchmal halten wir an etwas fest, was schon lange fortgehen soll.

Doch Veränderungen können Angst machen und gerade in wichtigen Lebensbereichen fällt eine Trennung oft schwer.

Wo sollte ich innerlich zur Ruhe kommen? Wie kann ich mich stabilisieren? Welche Arbeit macht mir Freude?

35.2 Kombinationen Anker mit

1 Reiter	Job kommt
2 Klee	Minijob
3 Schiff	Job lässt auf sich warten, Eigeninitiative ist gefragt
4 Haus	Arbeit am Haus
5 Baum	Job im Gesundheitswesen
6 Wolken	Job ist noch unklar
7 Schlange	Job auf Umwegen, ältere Kollegin, Chefin
8 Sarg	Job macht krank
9 Blumen	Jüngere Kollegin
10 Sense	Job kommt schnell, plötzlich
11 Ruten	Vorstellungsgespräch
12 Vögel	Zwei Jobs
13 Kind	Neuer Job
14 Fuchs	Falscher Job
15 Bär	Älterer Kollege, Chef
16 Sterne	Arbeit im esoterischen Bereich

17 Störche	Job durch Veränderung
18 Hund	Job ist einem treu
19 Turm	Kündigung
20 Park	Öffentlichkeitsarbeit
21 Berg	Job blockiert
22 Wege	Job fordert Entscheidungen
23 Mäuse	Job ist langweilig
24 Herz	Job ist toll
25 Ring	Arbeit bringt neue Bindungen
26 Buch	Vorschriften
27 Brief	Job im Büro
28 Mann	Mann ignoriert Arbeit
29 Frau	Frau ist fleißig
30 Lilien	Job hat Einfluss auf die Familie
31 Mond	Job bringt Erfolg
32 Sonne	Job macht Freude
33 Schlüssel	Job mit Sicherheit
34 Fische	Job bringt Geld

36 Kreuz   Job belastet

34.3 Allgemeine Information zum Anker

Haus	6. Haus: Grenzen, Zusammenspiel, pragmatisch
Person	In sich ruhend, klammernd, fleißig, vertrauenserweckend, von dieser Person kann man sich nicht trenne
Spiritstone	Saphir
Landschaft	Meer
Jahreszeit	Herbst
Chakra	Halschakra
Gegenstand	Anker, Sicherung
Skatkarte	Pik 9 – Bindung, wenig Freude

35.4 Die Ankermudra

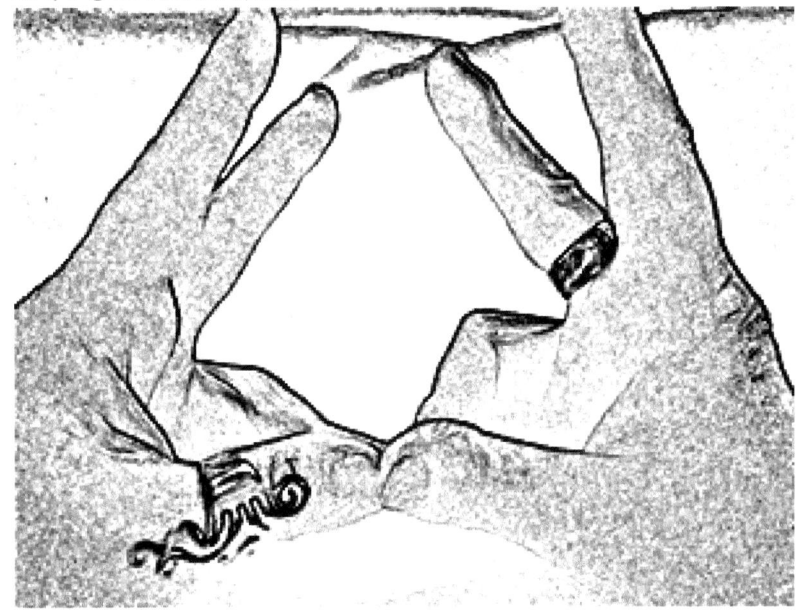

Die Ankermudra
Daumen und Ringfinger treffen sich an den Kuppen, beide Hände werden zusammen geführt. Die restlichen Finger bleiben gestreckt.

35.5 Deutungsgeheimnis

Der Anker hält fest. Leider nicht nur die positiven Gegebenheiten, sondern auch Dinge, die man gerne nicht in seinem Leben hätte. Alle Karten, die neben der unteren Spitze des Ankers liegen, in diesem Beispiel rechts, sind sicher.

36.1 Kreuz

Karma, Schicksal, Kismet, all das drückt das Kreuz aus. Das Kreuz hat eine schwere Symbolik zu tragen.

In früherer Zeit war es häufiger ein Mordinstrument. Last und Bürde, schwere Not, das Unausweichliche, dem man sich zu stellen gezwungen ist.

Zugleich löst es auch schwierige Situationen, wenn es am Ende einer Legung liegt. Das Kreuz ist absolut und starr.

Verhandlungen mit dem Schicksal sind nicht möglich.

Wo sollte ich mein Leben einer Prüfung unterziehen? Was kann ich dieses Mal verändern? Wo habe ich das schon einmal erlebt?

36.2 Kombinationen Kreuz mit

1 Reiter	Nachricht soll helfen
2 Klee	Belastung bessert sich
3 Schiff	Belastung durch Arbeit an sich überwunden
4 Haus	Belastung durch ein Haus
5 Baum	Belastung stabil
6 Wolken	Belastung ist unklar
7 Schlange	Belastete Frau, Verwicklungen nach Be-lastung
8 Sarg	Belastung macht krank
9 Blumen	Belastung optimistisch sehen
10 Sense	Belastung kam plötzlich
11 Ruten	Belastung fordert Gespräche
12 Vögel	Belastung macht nervös
13 Kind	Belastung ist neu
14 Fuchs	Belastung ist falsch
15 Bär	Belastung macht stark
16 Sterne	Belastung wird bewusst
17 Störche	Belastung fordert Verände-

	rungen
18 Hund	Belastung bleibt einem treu
19 Turm	Belastung macht einsam
20 Park	Belastung wird öffentlich
21 Berg	Belastung blockiert
22 Wege	Belastung fordert Entscheidungen
23 Mäuse	Belastung schwindet
24 Herz	Belastung mit Liebe überwinden
25 Ring	Belastung führt einen im Kreis
26 Buch	Belastung nicht bekannt
27 Brief	Belastung oberflächlich
28 Mann	Mann sieht keine Belastung
29 Frau	Frau ist belastet
30 Lilien	Belastung wird in der Familie gelöst
31 Mond	Belastung wird erfolgreich gelöst

32 Sonne	Belastung wird durch Energie gelöst
33 Schlüssel	Belastung mit Sicherheit
34 Fische	Belastung wird mit Geld gelöst, seelischer Arbeit
35 Anker	Belastung bedeutet Arbeit

36.3 Allgemeine Informationen zum Kreuz

Haus	12. Haus: unfassbar, Übergang, Auflösung
Zeitwert	Mehrere Wochen
Person	Trägt am Schicksal, stark belastet, magere Statur, unauffällig, drahtig
Spiritstone	Tigereisen
Körperteil	Wirbelsäule
Chakra	Herzchakra
Gegenstand	Kreuz, Christentum
Skatkarte	Kreuz 6 – Harte Arbeit, beratungsresistent

36.4 Die Kreuzmudra

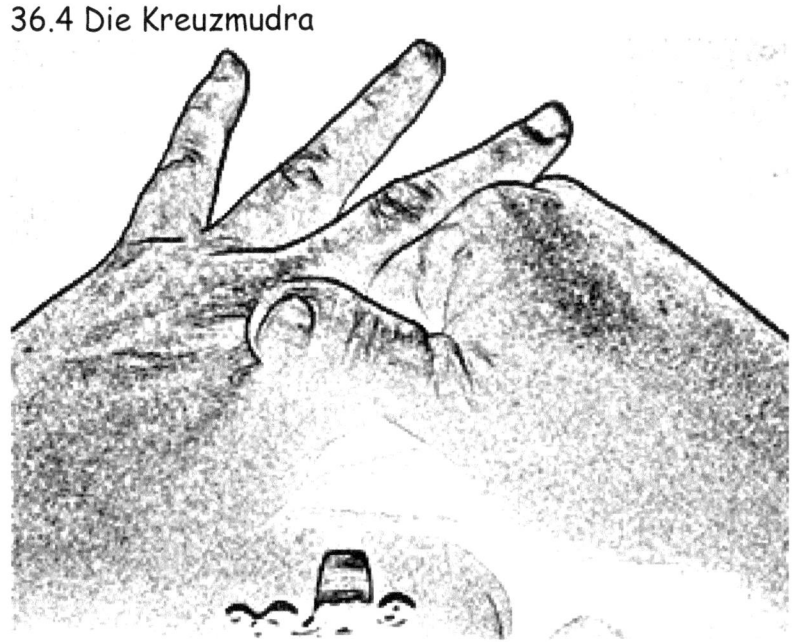

Die Kreuzmudra
Die linke Hand wird gestreckt. Mit der zur Faust geballten rechten Hand wird der Zeigefinger der linken Hand umfasst.

36.5 Deutungsgeheimnis

Links vom Kreuz liegen die Belastungen. Alles, was rechts davon liegt, ist nicht der Mühe wert, weiterhin bearbeitet zu werden. Auch wenn dort so wichtige Karten wie das Herz oder der Ring liegen. Hier hilft in der Regel nur ein glatter Schnitt.

37.1 Lenormand und Liebeszauber

Mein Buch "Lenormand & Liebeszauber" befasst sich mit den Lenormandkarten in Verbindung mit Magie. Einige Legesysteme, Tipps für Rituale, neue Deutungen und ein Rezept runden dieses kleine Werk ab. Hier also zum guten Schluss das komplette Buch!

37.2 Er oder Sie?
Um die Entscheidung zwischen zwei potentiellen Partnern zu entscheiden, soll dieses Legesystem eine Hilfe sein.

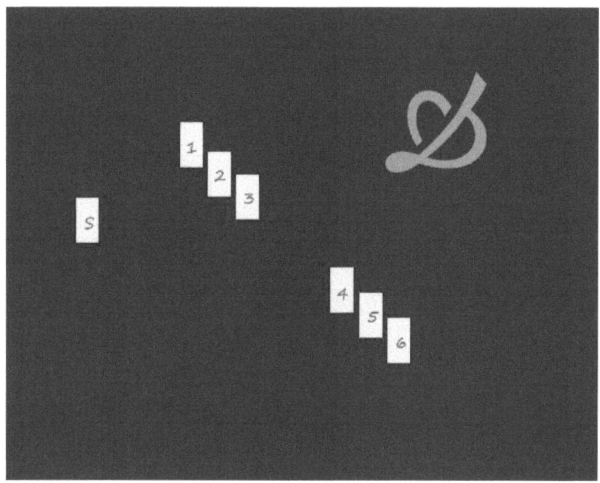

Das „S" in dieser Grafik steht für die Signifikatorkarte. Diese wird vor dem Mischen aus dem Deck genommen. Für einen männlichen Fragesteller wird der Mann genommen, für die weibliche Fragestellerin die Dame.

Die Karten eins bis drei stehen für den ersten potentiellen Partner oder die Partnerin. Hier kann auch wieder eine Quersumme gebildet werden.

Die Karten vier bis sechs stehen für den zweiten potentiellen Partner oder die Partnerin. Auch hier kann die Quersumme gebildet werden.

Hier kann man eine Tendenz zur einen oder anderen Person gut erkennen.

37.3 Herzenssache ~ Legesystem

Um eine Beziehung ein bisschen zu analysieren, gibt es dieses spannende Legesytem.

Die Karten eins bis fünf stehen für die weibliche Seite einer Beziehung.

Was fühlt sie?
Wie sicher ist sie sich in der Beziehung?
Was möchte sie in der Beziehung verändern?
Was möchte sie in der Beziehung auf keinen Fall verändern?

Was wird sie in der Beziehung lernen?

Die Karten sechs bis zehn stehen für die männliche Seite einer Beziehung.

Was fühlt er?
Wie sicher ist er sich in der Beziehung?
Was möchte er in der Beziehung verändern?
Was möchte er in der Beziehung auf keinen Fall verändern?
Was wird er in der Beziehung lernen?

Die Karten elf und zwölf stehen für ein gemeinsames Ergebnis.

Will sie die Beziehung?
Will er die Beziehung?

Die Quersumme aus beiden Karten bildet die Quintessenz der Legung.

37.4 Quersumme im Lenormand

Quersummenbildung: Wert von Karte 1 und Karte 2 addieren. Liegt der Wert unter sechsunddreißig, so kann dieser Wert in eine der Lenormandkarten umgesetzt werden. Liegt der Wert über sechsunddreißig, so müssen beide Ziffern erneut addiert werden, um diesen Wert dann in eine Lenormandkarte umsetzen zu können.

Gerade bei den Tageskarten kann man über die Quersumme noch viele zusätzliche Informationen gewinnen.

37.5 Ja, nein oder vielleicht?

Ein anderes Legesystem, um eine Entscheidung noch einmal zu überdenken, ist dieses.

Die Karte unter Ziffer eins steht für ein Pro oder Contra zur Antwort „Ja".

Die Karte unter Ziffer zwei steht für ein Pro oder Contra zur Antwort „Nein".

Die Karte unter Ziffer drei steht für ein Pro oder Contra zur Antwort „Vielleicht".

37.6 Powder of Sex ~ Ein Rezept
Für schöne Stunden...

Man nehme:
1 Tasse feines Mehl
1 Tasse Maisstärke
2 Teelöffel Vanillezucker
10 Teelöffel Honig
Je nach Geschmack Farbstoffpulver

Alle Zutaten mischen und mit den Händen gut zerkneten. Den Powder kann man mit einer Puderquaste oder einer Feder während einer sinnlichen Stunde auf dem Körper des Partners oder der Partnerin verteilen und ab-schlecken.

In einem verschlossenen Glas hält sich der Powder ein Jahr.

Viel Spaß!

37.7 Ring des Jahres ~ Legesystem

Um einen Blick über das kommende Jahr innerhalb einer Beziehung zu erhalten, kann man die Jahresuhr nutzen. Traditionell wird diese zu Silvester gelegt.

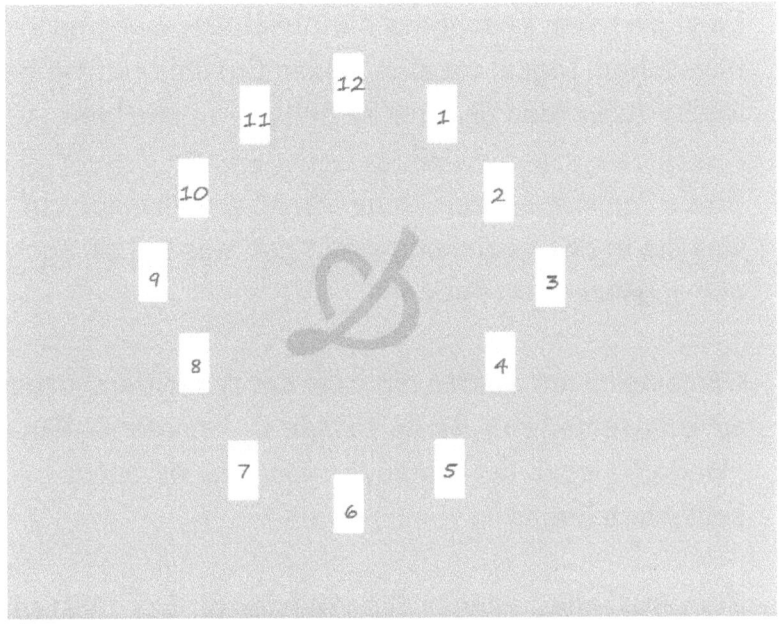

Die Karten eins bis zwölf stehen jeweils für die einzelnen Monate und werden einzeln gedeutet.

Dieses System eignet sich auch als Jahreslegung für sich selbst oder eine andere Person.

37.8 Ritual für zwei

Um die Energie eines Paares zu stärken, empfehle ich ein Ritual, welches in der Vollmondphase durchgeführt wird.

Es eignet sich besonders als Abschluss eines harmonischen Tages, um sich seiner Gefühle richtig bewusst zu werden und die Beziehung zu stärken.

Beide Partner schreiben getrennt voneinander auf, was sie in der Beziehung schätzen, was sie am Partner schätzen und lieben.

Gemeinsam entzünden sie drei Kerzen in den Farben weiß, rose und rot. Beide fassen sich an der linken Hand und lesen nacheinander vor, was sie aufgeschrieben haben.

Zum Abschluss können Sie „Powder of Sex" testen.

Viel Spaß!

37.9 Ritualzubehör

Was man für Liebesrituale nutzen kann:

Kerzenfarben: Rot, Weiß, Rose, Lila

Räucherwerk und Duftöle: Tonkabohnen, Rosenblätter, Lavendelblüten, Vanille, Kokosnuss, Sternanis, Thymian, Rosmarin, Styrax, Patchouli

Spiritstones: Mondstein, Rosenquarz, roter Jaspis, Rhodochrosit, Karneol, Orangencalcit, Andenopal, Zoisit, Granat

Gewürze: Tonkabohnen, Vanille, Kokos, Chilli, Pfeffer, Safran, Ingwer

Speisen: Chilli, Austern, Granatapfel, Feigen, Erdbeeren, Muskatnuss, Sellerie, Eier

37.10 Sexcharakterisierung der Lenormandkarten

Mit einem Zwinkern im Auge habe ich für Sie mal die Charakterisierung der Karten in Bezug auf Sex erstellt.

1 Reiter ~ Reiterstellung
2 Klee ~ Quickie
3 Schiff ~ Sex auf einem Boot
4 Haus ~ Missionarsstellung
5 Baum ~ Sex im Stehen
6 Wolken ~ Dessousfetisch
7 Schlange ~ Fesselspiele
8 Sarg ~ Neue Stellungen probieren
9 Blumen ~ Blümchensex
10 Sense ~ SM-Sex
11 Ruten ~ Dirty Talk
12 Vögel ~ Mile high Club
13 Kind ~ Rollenspiele
14 Fuchs ~ Partnertausch
15 Bär ~ Kuschelsex
16 Sterne ~ Eiswürfelspiele
17 Störche ~ Sexualität neu gestalten
18 Hund ~ Doggystellung
19 Turm ~ Selbstbefriedigung
20 Park ~ Sex in der Öffentlichkeit
21 Berg ~ Ausdauersex
22 Wege ~ Sex im Auto
23 Mäuse ~ Sexpause

24 Herz ~ Liebevoller und zärtlicher Sex
25 Ring ~ Nacht voller Leidenschaft
26 Buch ~ Erotische Literatur
27 Brief ~ Erotische Nachrichten
28 Mann ~ Er gibt den Ton an
29 Frau ~ Sie gibt den Ton an
30 Lilien ~ Oralsex
31 Sonne ~ Sex in der Sauna
32 Mond ~ Analsex
33 Schlüssel ~ Seine Wünsche erfüllen sich
34 Fische ~ Sex im Wasser
35 Anker ~ Ihre Wünsche erfüllen sich
36 Kreuz ~ Sextoys

37.11 Sexy Geheimnisse…

Geheime sexuelle Wünsche lassen sich mit diesem Legesystem ans Licht bringen.

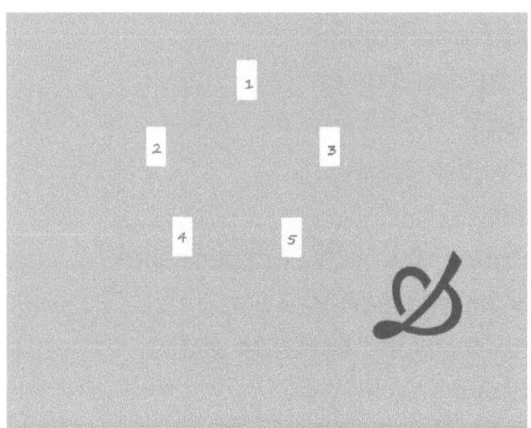

Position eins zeigt das geheime Verlangen.

Position zwei zeigt an, wie sich das geheime Verlangen in der Realität umsetzen lässt.

Position drei zeigt an, was sich in der Beziehung verändern wird.

Position vier zeigt, was passiert, wenn das Verlangen nicht realisiert wird.

Position fünf ist der Rat, ob es klug ist, das Verlangen auszuleben.

37.12 V like Valentine?

Der Valentinstag ist traditionell der Tag der Verliebten. Warum sollte man diesen Tag nicht auch mal als Single nutzen? Man liebt sich schließlich selbst und das darf durchaus zelebriert werden.

Ich mag mich selbst!

Das Ritual:
Der wichtigste Punkt: Für Ruhe und Ungestörtheit sorgen!
Das eigene Lieblingsessen zubereiten.
Lieblingsgetränk bereitstellen.
Sich chic machen.
Papier und Stift bereitlegen.
Einen Bilderrahmen mit dem eigenen Foto bereitlegen.
Räucherwerk: Hier gibt es verschiedene Möglichkeiten, um eine schöne Atmosphäre zu schaffen. Mancher mag lieber eine Duftlampe aufstellen, der andere mag lieber mit Räucherkohle und passende Zutaten. Für die Duftlampe gibt es die passenden Öle wie Rose oder Vanille. Für eine Räucherung mit Kohle empfehle ich Tonka-bohnen, Rosenblätter, Lavendelblüten und Sternanis. Als Räucherstäbchen können die Duftrichtungen Rose oder Vanille genutzt werden.

Kerzen: Hier stellt sich die Frage, was Sie in Ihr Leben ziehen wollen. Rot steht für Leidenschaft, Rose für zärtliche Liebe und Lila für spirituelle Liebe. Wenn alles gewünscht ist, so empfehle ich von jeder Farbe eine Kerze zu nutzen. Zusätzlich, wie bei jedem Ritual, empfehle ich eine weiße Kerze. Die Kerzen sollten durchgefärbt sein.
Eine feuerfeste Schüssel!

Und los geht es: Machen Sie sich ausgehfein. Zunächst sorgt man, nach dem Essen, für eine gemütliche Atmosphäre. Entzünden Sie die Kerzen und die Räucherung. Schauen Sie sich Ihr Bild an und überlegen Sie, was Sie sich von einer Beziehung erhoffen, wie die Beziehung aussehen soll. Schreiben Sie sich alles auf, was Ihnen einfällt. Nehmen Sie einen neuen Zettel und überlegen Sie, wie Sie selbst dafür sorgen können, dass Ihnen das, was Sie vorher notiert haben, nicht mehr fehlt. Denn hier geht es um SIE!

Den ersten Zettel mit den Wünschen und Vorstellungen für eine Beziehung halten Sie in die Flamme der weißen Kerze und verbrennen ihn, um die Wünsche freizugeben. Die Asche verstreuen Sie in der nächsten Zeit draußen. Den zweiten Zettel hängen Sie sich in Ihrem Umfeld auf, um immer wieder daran erinnert zu werden, was Sie für sich selbst tun können.

Die Kerzen lassen Sie abbrennen, nicht löschen, da Sie sonst die Flamme der Liebe auslöschen würden.

37.13 Wo klemmt es denn?
Ein Legesystem, um Probleme in einer Beziehung zu lösen, möchte ich hier vorstellen.

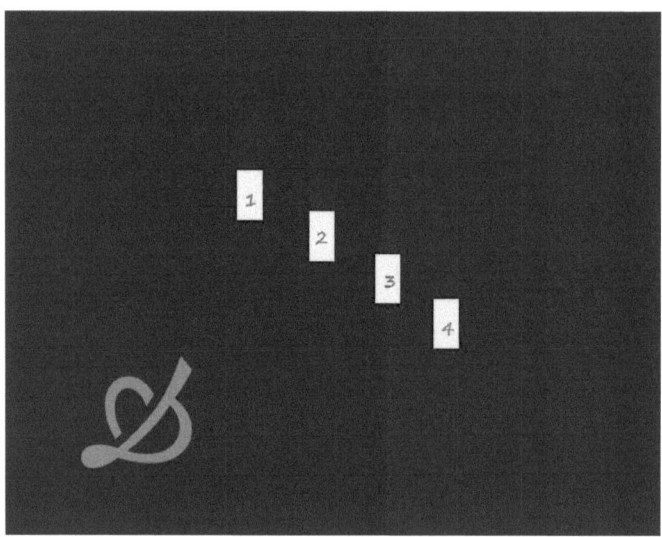

Karte eins zeigt das Problem.

Karte zwei zeigt die männliche Sichtweise.

Karte drei zeigt die weibliche Sichtweise.

Karte vier zeigt eine mögliche Lösung an.

38. Zum Schluss

Ich habe noch viele Ideen für Buchthemen. Gedacht hatte ich mir, dass ein Lenormandkalender eine schöne Idee wäre, seine Kartenlegungen zu archivieren. Zum Thema Ängste und deren Bekämpfung habe ich ebenfalls einige Ideen, die sich bald in Buchform finden lassen.

Schauen sie einfach mal auf meine Seite:

www.sandra-kueper.de

Dort gibt es sowohl einen Blog mit spannenden Themen rund um das Thema Esoterik und Karten legen, als auch Empfehlungen zu meinen Büchern.

Notizen:

_____